特斯拉的秘密宏图

TESLA'S SECRET MASTER PLAN

特空间工作室 著

中信出版集团 | 北京

图书在版编目（CIP）数据

特斯拉的秘密宏图 / 特空间工作室著 . -- 北京：
中信出版社，2024.7
ISBN 978-7-5217-6241-9

Ⅰ.①特… Ⅱ.①特… Ⅲ.①汽车工业－工业企业管理 Ⅳ.① F407.471

中国国家版本馆 CIP 数据核字 (2023) 第 238464 号

特斯拉的秘密宏图

著者： 特空间工作室
出版发行：中信出版集团股份有限公司
（北京市朝阳区东三环北路 27 号嘉铭中心　邮编　100020）
承印者： 河北鹏润印刷有限公司

开本：787mm×1092mm 1/16　　印张：17　　字数：206 千字
版次：2024 年 7 月第 1 版　　　　　　印次：2024 年 7 月第 1 次印刷
书号：ISBN 978-7-5217-6241-9
定价：79.00 元

版权所有·侵权必究
如有印刷、装订问题，本公司负责调换。
服务热线：400-600-8099
投稿邮箱：author@citicpub.com

目录

序言　全球减碳 30 年与"马斯克方案"　　　　　　　　III
前言　特斯拉的 20 年与马斯克的"秘密宏图"　　　　　IX

1 秘密宏图第一篇章

第 1 章　"不仅要创造最好的电动车，而且要创造最好的车"　　3
第 2 章　全智能化：车轮上的电脑　　　　　　　　　　13
第 3 章　直营模式：车辆销售新渠道的诞生　　　　　　21
第 4 章　好的产品会说话　　　　　　　　　　　　　　29
第 5 章　开放专利战略　　　　　　　　　　　　　　　35
第 6 章　"永不过时的设计"　　　　　　　　　　　　　42
第 7 章　充电网络：把补能作为一种生活方式　　　　　52
第 8 章　快速量产：设计、制造与迭代升级　　　　　　62
第 9 章　坚持做正确的事，哪怕会破产　　　　　　　　72

2 秘密宏图第二篇章

第 10 章　不止于车　　　　　　　　　　　　　　　　　83
第 11 章　家用储能系统　　　　　　　　　　　　　　　88
第 12 章　公共及商用储能领域　　　　　　　　　　　　95
第 13 章　降低电池成本　　　　　　　　　　　　　　　102

第14章 关键突破：生产流程和技术创新 111
第15章 商用卡车的绿色变革 121
第16章 赛博越野旅行车：改变市场需求 128
第17章 力争造最安全的车 135
第18章 完全自动驾驶："比人类驾驶安全10倍" 146
第19章 从像机器到像人类 157
第20章 上海超级工厂："效率标杆" 165
第21章 迭代工厂和产能 173
第22章 硬核研发的底层逻辑 183

3 秘密宏图第三篇章

第23章 当前能源经济中的低效和浪费 193
第24章 可再生能源驱动电网 202
第25章 电动车的未来 213
第26章 供热和制冷的新解决方案 220
第27章 工业脱碳的新路径 230
第28章 除了火箭，都可以电气化 237
第29章 可持续能源驱动经济 245

附录1 特斯拉里程碑事件一览 255
附录2 特斯拉业务生态布局 257

序言
全球减碳30年与"马斯克方案"

2023年3月20日，联合国政府间气候变化专门委员会发布了第六次评估报告综合报告《气候变化2023》[1]。报告指出，1901—2018年全球平均海平面上升了0.20米。1901—1971年全球平均海平面上升速度为每年1.3毫米，而2006—2018年海平面上升速度增至每年3.7毫米，速度相较之前增加了近两倍。

该报告还预估，在低排放和高排放情景下，2050年的海平面会分别升高0.15~0.23米和0.20~0.29米，到2150年则分别为0.37~0.86米和0.98~1.88米。如果极地冰盖动力系统发生极端变化，海平面甚至会急剧上升达16米！第七十七届联合国大会主席克勒希·乔鲍称，在未来不到80年的时间里，可能有2.5亿~4亿人不得不在新地点建造住房。

2023年7月17日，时任联合国秘书长古特雷斯在联合国可持续发展高级别政治论坛部长级会议开幕式上表示，世界"严重偏离"了在2030年的最后期限前实现可持续发展目标的轨道。他强调，民间社会、企业和其他各方需要"大力支持这些目标"，

---

[1] https://www.ipcc.ch/report/sixth-assessment-report-cycle/

同时加强"实现这些目标的全球运动"。

克勒希则呼吁:"让我们信守《2030年可持续发展议程》的承诺。这是我们对80亿地球居民所做出的承诺。让我们改变世界,拯救世界。"

化石能源构建的世界与全人类30年的努力

化石能源让人既爱又恨。一方面,百年来依托对化石能源的运用,科学技术不断发展,人们得以战胜疾病、消除贫困、发展经济,全球的科技发展水平和人类生活水平越来越高;另一方面,使用化石能源引发的全球气候变暖、环境污染问题,化石能源利用效率较低的问题,以及化石能源本身的不可再生性,也正在使我们生活的这个星球及其生态环境变得千疮百孔。

首先是全球气候变暖。联合国政府间气候变化专门委员会的报告指出,地球表面的平均温度与工业革命前相比已经升高约1.1摄氏度,这主要归因于人类活动燃烧化石燃料和土地利用造成的温室气体排放。

其次是环境污染。化石能源燃烧排放了大量的二氧化硫、氮氧化物、烟尘等污染物,引发酸雨、雾霾等环境问题,对人类的健康产生直接威胁。

最后是化石能源较低的利用效率。国际能源署发布的2019年世界能源供需平衡表显示,全球一次能源供应在到达最终消费者之前有37%被消耗掉了,这些消耗集中于化石燃料在开采、精炼中的自我消耗及发电过程中的转换损失;在消费端,因内燃机和天然气加热器等低效末端的使用而损失的比例高达27%。总体而言,一次能源供应的利用效率只有36%。

化石能源还有一个致命的缺陷，那就是其不可再生的本质。

总之，虽然化石能源在人类发展史上发挥了重要作用，但由于它们对地球生态的持续伤害及自身的不可持续性，我们必须努力向使用可持续能源转型，以保障人类文明的长远发展。

为了应对全球气候变化，联合国主导的全球气候治理经历了30年的曲折发展。截至2022年12月，《巴黎协定》缔约方达195个，其中194个缔约方已经批准该协定，承诺采取一致行动，将地球的升温幅度控制在2摄氏度以内。

在国际协议的指引下，各国根据自身国情和发展阶段，制定了一系列的国家能源战略、规划、政策和措施。

欧盟是全球能源转型的领导者之一，2021年7月，其提出了"减碳55"目标，即到2030年将温室气体排放量相对于1990年水平减少55%，可再生能源占一次能源消费比重达到32%，能源效率提高32.5%。2023年3月，欧盟重新达成一项协议，将2030年可再生能源占比目标提高至42.5%。

中国高度重视可持续能源发展，在国家战略层面明确了建设清洁低碳、安全高效的现代能源体系的目标，并制定了一系列规划、政策和措施，成为全球最大的清洁能源投资国之一。2020年9月，中国国家主席习近平在第七十五届联合国大会一般性辩论上郑重宣布：中国将提高国家自主贡献力度，采取更加有力的政策和措施，二氧化碳排放力争于2030年前达到峰值，努力争取2060年前实现碳中和。

根据国际可再生能源署发布的《2022年可再生能源装机数据》，2021年，全球可再生能源装机容量共增加257吉瓦，同比增加9.1%。其中，中国的新增装机容量为121吉瓦，是全球新增可再生能源装机容量最大的贡献国。

美国是全球最大的经济体、历史累计温室气体排放量第一的国家，也是全球可持续能源发展的重要参与者。美国在可持续能源领域的政策和行动受到了历届政府和政党的影响，呈现出一定的波动性和不确定性。2021年，拜登政府重新加入《巴黎协定》，随后又承诺到2030年在2005年的水平上减排50%~52%，将此前奥巴马政府设立的减排目标提升了一倍。

此外，印度、日本、澳大利亚、加拿大、挪威、瑞士等国也根据自身的资源禀赋、经济结构、社会需求等因素，制定了不同的可持续能源目标和策略，积极推进可持续能源转型。

但是，经过30年的努力"治疗"，地球升温趋势仍未得到有效控制，未来地球升温可能将不止2摄氏度，极端情景下甚至可能达到4摄氏度。

我们应该采取哪些战略，才能有效应对气候变化这一严峻问题？

发展可持续能源为何这么难

可持续能源并非一个新鲜的概念。人类对可持续能源的探索历史与对石油的应用近乎同期。石油产业起源于1859年，在美国宾夕法尼亚州泰特斯维尔，埃德温·德雷克钻出了第一口现代工业油井，标志着现代石油产业的开端。

可持续能源的探索同样始于19世纪。1839年，法国物理学家亚历山大·埃德蒙·贝克勒尔就发现了光生伏特效应，这是太阳能电池的原理，也是利用太阳能的开端。1882年，阿普尔顿水电站出现在美国威斯康星州福克斯河上，这一般被认为是水力发电的开端。1888年，美国发明家布拉什制造了第一台风力发电机，将风能转化为电能，这是风力发电的起源。

然而，在20世纪大部分时间里，可持续能源并没有得到广泛的关注和应用，主要原因有两个：一是能源转型的成本问题，二是可再生能源的不稳定问题。

能源转型需要大量的投资和政策支持，包括建设新的可再生能源发电设施、改造现有的电网和输配系统、提高能源效率和储能技术、培训相关人员和增强公众意识等，与成本低廉、快速发展的化石能源开采相比，性价比极低。

而且，可再生能源具有波动性和间歇性的特点，即其产量受自然条件（如日照、风速、降水等）的影响，难以保证稳定且连续地供应电力或热量，并且其发电量难以预测和控制，导致市场价格波动、电厂收入不确定。

因此，在20世纪初期到中期，全球主要依靠煤炭、石油、天然气等化石燃料来满足快速增长的工业化和城市化需求。

可持续能源的"马斯克方案"

进入21世纪，全球能源转型终于形成了普遍性共识，受到绝大部分国家和地区、众多国际组织及创新型企业的重视，可持续能源转型已经成为一场前所未有的全球参与的运动，因为这涉及一项关乎全人类的共同挑战。联合国第八任秘书长潘基文曾警告说："我们是有机会彻底消除贫困的第一代人，也是有机会应对气候变化的最后一代人。"

可持续能源发展的障碍尚存，人类还需要以更先进的科学技术推动可持续能源更快地发展，而企业作为最具活力的创新主体，在推动可持续能源经济发展方面扮演了重要角色。

2006年，马斯克在博客上发布了《特斯拉的秘密宏图（你知我知)》("秘密宏图第一篇章"),其中公开了特斯拉电动车普及的基本逻辑:生产顶级跑车,用挣到的钱生产豪华型家用车,再用挣到的钱生产普及型家用车,在做到上述各项的同时还提供零排放发电选项。2016年,特斯拉发布"秘密宏图第二篇章",提出整合能源再生与储存,扩充电动车产品线,开发出比人类驾驶安全10倍的自动驾驶技术,以及闲置车辆分享,进一步实现使用可持续能源的愿景。

2023年,特斯拉在投资者日活动上发布了"秘密宏图第三篇章",描绘了一个充满创新和希望的未来,也提供了一个清晰且有力的解决方案,彻底实现世界向完全可持续能源经济的转变。

2024年3月,特斯拉在全球累计下线600万辆电动车。特斯拉已经成为电动车领域名副其实的领导者和创新者之一,也是全球最具影响力和最受欢迎的新能源车品牌之一。它不仅生产高性能、高品质、高科技的电动车,也生产太阳能屋顶、家用储能系统、商用储能系统等产品,并提供充电网络、自动驾驶、车联网服务等。特斯拉通过整合能源生产、储存、使用、再利用等环节,打造了一个完整的可持续能源生态系统。

特斯拉在"秘密宏图第三篇章"中提供的可持续能源经济解决方案是在考虑未来可能出现的技术突破或市场变化的前提下,基于现有的技术和数据进行估算的,甚至在其"对资源与投资需求的预估"中,无法克服的资源挑战为0。换句话说,在特斯拉的认知中,对于在2050年之前实现零碳排放的目标,没有难以逾越的资源挑战,需要的只是全人类一起努力。

前言
特斯拉的20年与马斯克的"秘密宏图"

2024年4月，埃隆·马斯克在社交平台上宣布："特斯拉今年将在人工智能方面投入约100亿美元。"特斯拉已经发展为一家人工智能和机器人公司。

时间拨回到2008年，美国著名访谈节目《60分钟》的主持人莱斯利·斯塔尔问马斯克："你认为特斯拉未来会成为下一个通用汽车吗？"当时，特斯拉只是北加州一家只有500名员工的创业公司，行业刚刚开始讨论美国汽车的未来在底特律还是硅谷。马斯克仅推出了Roadster一款电动超跑，公司花销就已经达到预算的两倍，他甚至自掏腰包5 500万美元才让公司得以保持运转。马斯克给莱斯利的回答是："不如这么说吧，特斯拉的目标是加速电动车时代的到来。"10年后的2018年，当莱斯利再次采访马斯克时，特斯拉已经有5万名员工，前一周刚刚从Model 3的"产能地狱"里爬出来，马斯克的目标依然没有变："特斯拉的目标是加速电动车时代的到来，是加速世界向可持续能源的转变。"

一直以来，特斯拉都是以人类未来发展为愿景。自2003年成立至今，特斯拉从一家硅谷初创企业成长为业务遍布全球的引领型企业，业务覆盖电动车、可持续能源、人工智能等关键探索领域。在发展过程中，特斯拉不仅曾将马斯克托至全球首富的位置，更在商业、科技、制造等领域实现创新变革。

20年来，更多的车企选择电动车赛道，共同推动了交通电气化的发展。综合多家市场研究机构的数据，2023年全球新能源车销量增幅超29%，达到1 370万辆，渗透率达17%，其中纯电动车销量达950万辆。全球每售出5辆纯电动车就有1辆是特斯拉。[1]

Roadster、"S3XY"系列、Semi、Cybertruck（赛博越野旅行车）……在这些产品中，特斯拉倾注了颠覆性的设计理念、创新性的技术及制造工艺与流程，并以这些产品证明了电动车不仅环保，而且具备卓越的性能、效率及成本优势。

特斯拉的产品力根植于制造能力，马斯克将超级工厂视作与电动车同等重要的产品。在弗里蒙特工厂、上海超级工厂、得州超级工厂和柏林超级工厂这四家整车工厂，特斯拉跳出上百年来造车的固有经验，重新定义了车的设计、架构、核心部件、软硬件与制造，继福特、丰田后再一次深度改变了汽车工业。

在构成特斯拉愿景的拼图中，电动车只是其中一块，其他还包括能源发电与存储业务、人工智能与机器人等。近年来，特斯拉建成了遍布全球的充电网络，在太阳能光伏板及家用、商用储能设备领域皆有重大进展。内华达超级工厂、纽约超级工厂、加藤工厂和拉斯罗普储能超级工厂是特斯拉车载电池、家用储能系统Powerwall和超大型商用储能系统Megapack的主要开发和生产基地，上海储能超级工厂也在2024年开工。

除此之外，马斯克多次强调特斯拉也是一家人工智能与机器人公司，特斯拉在人工智能领域做了大量前瞻性投入，2024年

---

[1] https://www.visualcapitalist.com/visualizing-global-electric-vehicle-sales-in-2023-by-market-share/

3月18日，特斯拉开始在北美全面推送完全自动驾驶能力FSD V12.3版本；4月初，FSD完全自动驾驶全球累计里程数已经超过10亿英里[1]。特斯拉还在加州、上海等多地布局工程总部和研发中心，使其能够在整车、能源和人工智能领域长期保持优势。

特斯拉为全球提供的技术与产品源于"加速世界向可持续能源的转变"这一使命。马斯克在特斯拉成立之初就明确了公司的重要目标："为了让人类拥有可持续的未来，必须做到交通电气化。"之后，他一步步清晰描绘出特斯拉宏图愿景的三个重要篇章，这三个篇章组成了指引特斯拉不断追求更高目标的特斯拉"秘密宏图"。

特斯拉也曾多次陷入至暗时刻。红杉资本的经营者迈克尔·莫里茨曾在2006年特斯拉寻求新一轮融资时明确拒绝马斯克，而多年后他承认："我没有欣赏到埃隆那股雄心的力量。"汽车行业咨询机构The Car Lab的创始人埃里克·诺贝尔曾公开称："电动车在很多方面行不通，对电动车的信仰会到头。"华尔街也曾将特斯拉列为"最不可能成功的公司"。在2008年年底的金融危机中，特斯拉的资金链险些断裂，然而仅仅18个月后的2010年6月，特斯拉成为自1956年福特公司之后第一家上市的美国汽车公司。

2017—2018年，特斯拉陷入Model 3"产能地狱"，为实现每周生产5 000辆车的目标，马斯克在内华达超级工厂度过了2017年的感恩节，在弗里蒙特工厂度过了47岁的生日，他睡在工厂的屋顶上、会议桌下，直到承诺最后期限的那天凌晨，当周第5 000辆Model 3顺利下线。"仿佛一边凝视深渊，一边吞咽碎玻璃。"马斯克这样回忆那段日子。

---

[1] 1英里约等于1 609米。——编者注

特斯拉人一直被马斯克的一句话所激励："如果你忍不住要放弃，想想那个最初驱动你踏上旅程的原因。"从资本市场的角度看，如今特斯拉凭借在电动车、可持续能源和人工智能领域的优势地位，在全球汽车公司中市值排名第一。

2013年，特斯拉在北京侨福芳草地开设了第一家体验店，由此开启了与中国市场、中国制造共同成长的新阶段。在电动车发展的"草莽时期"，特斯拉被称为鲇鱼，与中国新能源行业、汽车行业共生共赢。2019年，特斯拉建成上海超级工厂，实现"当年开工、当年投产、当年交付"；2021年，建成上海研发创新中心和数据中心。特斯拉中国研发对于特斯拉全球的重要性不断增强：在特斯拉车上，越来越多全球用户欣赏的研发设计都来自上海研发创新中心。

外界有诸多好奇，是什么引领着特斯拉不断创造价值？答案是，特斯拉独特的价值观和工作方法。在特斯拉，最重要的价值观是第一性原理，这是特斯拉能够做出诸多颠覆性创新的本质原因。马斯克提出的五步工作法也贯穿了特斯拉从产品研发、生产制造到销售交付的每一个环节，长期指导着特斯拉人的工作实践。

这本书展现了马斯克所规划的人类可持续发展图景与路径，以及拥抱创新、实现创新的完整路径。从中可以看到特斯拉产品背后的设计理念与创新研发故事，以及这家公司实践"秘密宏图"、加速向可持续能源转变的每一步。

同时，你也将全面了解特斯拉的经营智慧，如特斯拉直营模式、专利开放战略的由来，以及特斯拉独特的价值观与工作方式。阅读这本书，将如同搭乘上特斯拉这艘快速航行的无畏舰，了解可持续能源经济脉络的同时，也为你的创业、工作和人生之路注入崭新、高效的方法论，你将更好地理解和应对技术飞速变化下的诸多重要议题。

# 1

秘密宏图第一篇章

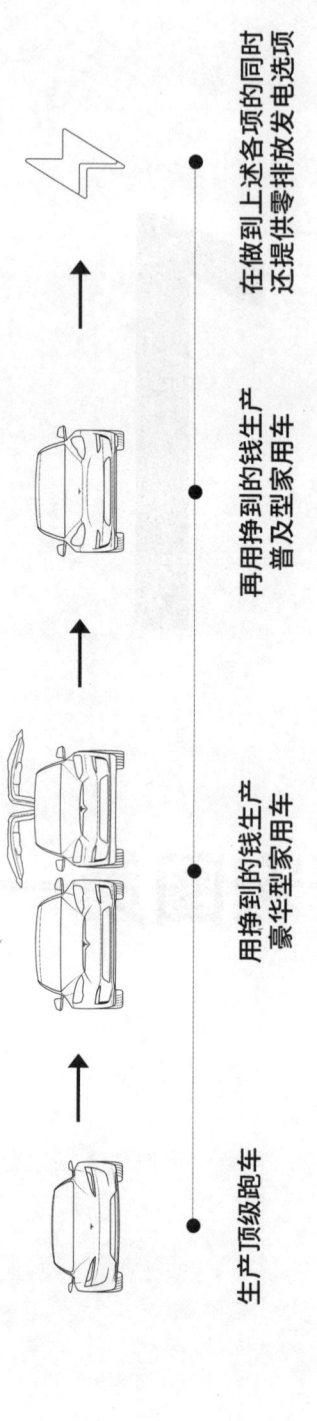

生产顶级跑车 用挣到的钱生产豪华型家用车 再用挣到的钱生产普及型家用车 在做到上述各项的同时还提供零排放发电选项

第1章

"不仅要创造最好的电动车，而且要创造最好的车"

太空中的 Roadster（示意图）

站在2023年这一时间点，应该没有人会认为电动车只是用笔记本电脑的电池驱动的富人的玩具。这一年，特斯拉在全球交付了181万辆电动车，累计销量超过500万辆。Model Y超越丰田卡罗拉成为全球最畅销的乘用车，这也是纯电动车首次在年度销量上超越燃油车。

在汽车发展史上，电动车的起步并没有比燃油车晚太多。20世纪初，美国有300多家企业在生产电动车。然而，相较燃油车，彼时的电动车还差得太多：福特在1908年发明了著名的T型车，更多的普通人能够买得起汽车；20世纪20年代，全球石油工业复苏，汽油变得更加廉价。最关键的是，随着道路基础设施的改善，人们越来越需要能开得更远的车，"续航焦虑"阻碍了当时电动车的进一步发展。

进入21世纪以来，重新推动电动车领域发展的特斯拉解决的第一个问题，正是百年前电动车发展停滞的原因——买不起也开不远。

纯电动车的能源效率更高

特斯拉成立于2003年，这是一个微妙的时间点，距离通用汽车宣布正式放弃研发了十几年的电动车才过去不到一年。实际上，20世纪90年代至21世纪初正是电动车发展的好时机。1990年，美国加利福尼亚州议会通过了《零排放车辆法案》，该法案要求：至1998年，汽车总销量中的2%必须是零污染排放的汽车；至2003年，这一比例要增至10%。此后，美国有10个州也相继出台了零排放法案。

通用汽车在《零排放车辆法案》通过的第二年就推出了全球

第一款量产电动车EV1。这款车颇受市场关注，但最终因高昂的成本而失败。2006年上映的纪录片《谁消灭了电动车》把原因归结于车企背后的石油寡头施加的政治压力。

一类产品进入成熟期之前，市面上往往是多种技术路线并存。21世纪初，出现了丰田普锐斯这类油电混合动力汽车；到2010年前后，又出现了以雪佛兰Volt（源自2007年亮相底特律车展的Volt概念车）为代表的增程式电动车。它们都使用电力作为补充能源，减少了汽车的碳排放。

混合动力汽车有一块电池和一个内燃机，通过动力回收的方式充电。插电式混合动力汽车是在传统燃油车的基础上，额外增加了一套电驱动系统。增程式电动车的增程器使用汽油发电，再用电驱动车辆。不同类型的混合动力汽车都可以减少碳排放，但与纯电动车相比，它们还是使用化石燃料。

氢动力汽车则是另外一类车，它不排放尾气，产生的唯一副产品就是水。但是，氢燃料在最关键的指标——能源效率方面，仍有待提升。管理咨询公司Horváth & Partners 2019年前后发布的数据显示，氢动力汽车在电解生产氢气的过程中就已经损失氢燃料45%的能量，剩下的能量经过转换传递到电机的效率为25%~35%，而纯电动车的效率可以达到70%以上。

纯电动车是指仅由电力驱动的车型，电池、电机和电控系统是电动车的核心，也是区别于传统燃油车最突出的一点。

在不同的技术路线中做出纯电路线的选择并不艰难，马斯克曾多次阐释特斯拉坚定押注纯电动车的两个原因：(1)内燃机高度依赖石油，而电力可以来自化石燃料、核反应、水能、风能、太阳能等，以上所有发电形式都可以参与竞争，从而带动创新；(2)电机比内燃机高效得多。

在2006年8月2日公布的"秘密宏图第一篇章"中，马斯克直接给出了详尽的计算方法。

对于把电动车作为减少碳排放的解决方案，常见的反对意见是，电动车只是把二氧化碳排放转嫁给了发电厂。这种观点站不住脚，因为我们可以通过各种方式发展电网电力，如水电、风电、地热发电、核电和太阳能发电等，这些方式的发电过程均不涉及二氧化碳排放。但是，现在我们暂时假定电力是通过碳氢燃料生产的，比如天然气，这是近年来美国新建电厂最常用的燃料。

通用电气生产的H系统复合循环发电机的天然气发电效率为60%。[1]复合循环过程通过燃烧天然气来发电，废热被用来产生蒸汽，从而推动第二台发电机运转。天然气的采气效率为97.5%，加工效率也是97.5%，而电网输电效率平均为92%。这样，从气井至电力用户的效率就是 97.5%×97.5%×60%×92%≈52.5%。

尽管车身、轮胎和传动机构的设计首先要实现高性能而不是最大效率，特斯拉Roadster的能量效率还是高达0.4兆焦耳/千米，换句话说，每兆焦耳的电力可以让特斯拉Roadster行驶2.53千米。特斯拉Roadster的全周期充放电效率为86%，这意味着给电池每充电100兆焦耳电力，大约就有86兆焦耳到了车轮上。

综合这些计算结果，我们得到的最终品质因数是2.53千米/兆焦耳×86%×52.5%=1.14千米/兆焦耳。在美国国家

---

[1] https://www.power-technology.com/features/feature1084/?cf-view

环境保护局额定的 55 英里[1]/加仑[2]这一燃效标准下，目前上路的混合动力汽车实际上就是燃油车，只是依赖电池的辅助，而且这种小电池必须通过燃油发动机充电。因此，这种车可以被视为效率稍高的燃油车。

不是"油改电"

要想验证纯电动车的优越性，最直接的方式莫过于造一辆超越顶级燃油车的电动车。

在传统燃油车漫长的发展历程中，早已形成几个不成文的规定，包括不要创业、要从廉价车做起、高端品牌需要历史积淀。这些潜规则在特斯拉这里却没有奏效，特斯拉生产的第一辆车Roadster就是一辆超级跑车。马斯克曾说："特斯拉不仅要创造最好的电动车，而且要创造最好的车。"

最初，特斯拉计划先制造一辆原型车，以说服投资人投入更多资金。制造电动车主要依赖的三项技术是电池、电机和电控。特斯拉从美国电动车动力系统公司AC推进公司那里采购了传动技术，从路特斯公司采购了Elise跑车的底盘，还从美国和欧洲采购了齿轮箱。特斯拉的工程师需要做的就是研发电池系统，并把所有部件整合到一起。

听起来，这和今天传统车企的"油改电"方案没什么差别，但事实远非如此。

在2008年的一篇博客文章中，时任特斯拉副总裁的达里

---

[1] 1英里约等于1.609千米。——编者注

[2] 1加仑约等于3.785升。——编者注

尔·西里写道:"关于Roadster最常见的误解之一是：它是电动路特斯Elise……事实上，我们最近统计了两辆车共用的零部件数量，占比不到7%。如果按照零件价值来计算，占比会更小。"Roadster和Elise有着完全不同的传动系统、车身面板、铝制底盘、后副车架、制动装置、暖通空调和后悬架。

在实践过程中，设计师虽然承受了远超预期的困难和痛苦，但他们也在Roadster上实现了诸多属于特斯拉的创新设计。

首先，将1 000磅[1]的电池放置在车的中部，会改变最初为内燃机设计的结构。为了适应电池包增加的重量，必须按照特斯拉车身的规格重新设计铝制底盘结构，要增加强度，并使用电池包作为受力构件来增加刚性。特斯拉决定重新设计并改进底盘，这导致纵梁也必须重新设计，使其比Elise的侧轨低几英寸，从而大幅优化进出空间。为了容纳电池包、电机和齿轮箱，特斯拉还设计了新的后副车架；为了应对后部增加的重量，又设计了新的后叉臂。新的后副车架使得Roadster的轴距比Elise长出约2英寸[2]。因为重量的增加、轴距的增长，特斯拉需要重新设计悬架以实现乘坐和操控的目标。

其次，特斯拉为Roadster开发了自己的标志性造型。Roadster上的每个面板都被重新设计，独有的车头灯和尾灯的设计也更好地彰显了个性。

至于材料，Roadster的车身面板（保险杠除外）完全由碳纤维制成，以便最大程度地减轻车的重量。为降低不必要的成本，特斯拉最终在Roadster上保留了Elise的挡风玻璃、仪表板、方向盘等部件。

1　1磅约等于0.453千克。——编辑注

2　1英寸约等于2.54厘米。——编辑注

任何新技术的探索者在早期都会付出巨大的试错成本。马斯克在2014年的一次访谈中回忆称，特斯拉早期犯过两个非常大的错误：

（1）轻易采用了路特斯Elise的底盘，但最终发现Roadster与Elise只共用了不到7%的零部件，这与重新设计一款底盘无异。

（2）以为买来的传动系统可以直接上生产线。特斯拉一直执着于让Roadster追求最快的零百加速，但是最初买来的齿轮箱仅仅运行40秒就停止了工作。团队曾寄希望于其他供应商可以解决这个问题，但事实是这些供应商并不会为硅谷的一家小公司投入太多精力。特斯拉不得不自己重新设计车辆的传动系统。

令人意外的是对电动车开发来说具有挑战性的领域之一是12伏配件（风扇、车头灯、空调、加热器等），所有这些东西在过去100年中都已经发展到可以依靠内燃机来运行，在没有内燃机且主电池运行电压约为400伏的电动车中，采购、设计和集成这些配件绝非易事。

市场上几乎每辆汽车都使用热交换器来传递发动机冷却液的热量以产生车厢所需的热量。每辆汽车几乎都使用皮带驱动空调压缩机，驱动交流发电机产生12伏直流电来运行其他配件。这些都不适用于Roadster或其他电动车。还有制动系统，它通常依靠内燃机的真空来产生压力，而在电动车上，你需要一个电动真空泵。这就是为什么特斯拉在Roadster上重新研发设计了诸多重要部件。

高性能跑车背后的战略

2008年2月,特斯拉终于正式发布了量产的Roadster。特斯拉希望Roadster的性能可以媲美保时捷、法拉利等燃油跑车。在百公里加速这一对跑车非常重要的性能数据上,特斯拉官网及权威媒体数据显示,Roadster的百公里加速为1.9秒,保时捷和法拉利分别为2.7~5.6秒、2.9~3.4秒。

尽管Roadster的车身、轮胎和传动系统的设计目的是实现高性能,而不是最大效率,但其在效率上同样有很好的表现。如前文所述,Roadster的能源效率达到1.14千米/兆焦耳,是当时最受市场欢迎的混合动力汽车丰田普锐斯的两倍。[1]

Roadster的问世在当时创造了一系列世界纪录:它不仅是首款续航里程达到200英里的纯电动车,而且创造了单次充电行驶311英里的量产电动车续航里程世界纪录。在蒙特卡洛替代能源汽车拉力赛中,它也成为首辆夺得冠军的电动车。

如果非要说Roadster有什么缺点的话,那就是贵,它的售价为10.9万~12.85万美元。虽然在2008年,所有使用碳纤维车身面板的车型里,最便宜的迈凯伦SLR的售价也高达50万美元,但对大众来说,10.9万美元的起售价仍然难以企及。Roadster因此被调侃成"富人的玩具",任何一辆售价高达10.9万美元的车都没法承载改变世界的愿景。

马斯克在"秘密宏图第一篇章"里正面回答了这些问题:"我们真的需要另一款高性能跑车吗?它真的会对全球碳排放产生影响吗?答案是否定的。然而,这些质疑并没有抓住要点,你需要

---

[1] http://large.stanford.edu/courses/2015/ph240/schultz1/docs/tesla.pdf

了解特斯拉的秘密宏图。几乎所有新技术在优化之前单位成本都很高，电动车同样如此。特斯拉的战略是进入高端市场，客户愿意支付溢价，然后尽快扩大市场，从而提高销量、降低价格。"

Roadster的意义在于它向世界传递出一个信号——特斯拉可以造出超越燃油车的电动车，并且它在2009年7月为公司带来了整体盈利：盈利100万美元，营收2 000万美元。2008—2012年，从路特斯订购的2 500套车底盘结构用完后，Roadster随即停产。其间，特斯拉向30多个国家和地区销售了约2 450辆Roadster，其中大部分在2012年第四季度销往欧洲和亚洲。

2010年，特斯拉在纳斯达克上市，成为自1956年福特上市以来第一家上市的美国汽车公司。这让特斯拉获得了超过7亿美元的资金，其中大部分用于改造从新联合汽车制造公司购买的厂房设施——后来大名鼎鼎的、生产了Model S/X/3/Y的特斯拉弗里蒙特工厂。

"秘密宏图第一篇章"就此拉开序幕。

驶入太空

在内燃机为主流的时代，Roadster向大众证明了电动车技术的可行性。如今，绝大多数Roadster仍在地球表面行驶，但有几辆Roadster尤为特别——其中1辆成为全世界第一辆驶入太空的车。

2018年2月7日，SpaceX发射了现役最大推力的运载火箭"猎鹰重型"，伴随其升空的就是一辆Roadster，这辆车被称为"马斯克的Roadster"。在整个发射过程中，它都在不断播放大卫·鲍伊的名曲《太空怪人》，其主题就是宇航员与太空；它的杂物箱里放着一本《银河系搭车客指南》，这是马斯克童年钟爱的科幻小说；

它的仪表盘上刻着的"Don't Panic"（不要惊慌）摘自《银河系搭车客指南》的封面；它的电路板上刻有一行小字"Made on Earth by Humans"（人类制造，来自地球）。

另外3辆则成了中国码头集装箱里的三颗遗珠。

2023年劳动节假期的最后一天，有人在中国一个码头的集装箱中发现了3辆全新的Roadster跑车。卖家是美国格鲁伯汽车公司，买家则是一家中国汽车公司。2010年，这家中国公司预订了3辆Roadster，但公司在车辆交付过程中倒闭了。目前，这3辆Roadster仍在拍卖中，已经有买家出价200万美元。

2024年2月，马斯克公布了新款Roadster的进展，新款Roadster有望在2024年年底亮相，计划于2025年正式量产。

全新的纯电超跑Roadster预期将拥有更卓越的性能，包括零百公里加速仅需1.9秒，续航约1 000千米，加装火箭推进器后零百公里加速只需1.1秒。"我认为它会成为有史以来最令人惊叹的产品，不会再有第二辆这样的车。"马斯克如此形容。

Roadster向世界证明了纯电动车的可行性。接下来，特斯拉要做的是让电动车大规模市场化。

第 2 章

全智能化：车轮上的电脑

Model S 车机及内饰

7分25秒231，特斯拉再次征服了纽北赛道。

2023年6月3日，特斯拉新款Model S Plaid以7分25秒231的成绩，刷新纽博格林北环赛道量产电动车的圈速纪录，比此前保时捷Taycan创下的纪录快了8秒多。这款已问世11年的豪华轿跑，依然以其经典的外形和不断升级的强大性能，被誉为豪华电动车产品里的标杆。

2012年6月22日，第一批10辆Signature版Model S在美国加利福尼亚州交付，它以57 400美元的起售价让电动车大规模市场化终于成为现实。同年年底，《汽车趋势》杂志首次把年度最佳车型奖颁给了一款电动车，并且认为"特斯拉Model S是令人震惊的冠军之作"。

更重要的是，Model S作为第一款用软件驱动硬件的智能车，开启了"软件定义车辆"的探索之旅。

从一张白纸开始

从19世纪60年代开始，汽车行业极少变革。所谓的新产品都是在原有产品设计的基础上改造而来，业内认为"使用可互换平台"在某种程度上加剧了这种"僵化"。

"平台"一开始指的是车辆的物理底盘，包括底盘、轴、悬挂、转向和动力系统。后来平台的涵盖范围扩大了，这一概念还包括设计、工程和制造过程。

在尝试做电动车时，传统车企还是依赖"平台"的理念，其推出的车型基本上都是在燃油车的平台上用电动系统替代之前的动力系统。然而，这些车的性能和燃油车相比并不突出，甚至不如后者，因此都没有成为市场中的现象级产品。

Model S的诞生打破了汽车行业维持了半个世纪的潜规则。特斯拉在设计Model S时，吸取了"Roadster使用路特斯Elise底盘"的教训，没有选择在传统燃油车的基础上进行改装，而是从一张白纸开始设计这辆全新的电动车。

以电池包为例，如果参考燃油车油箱的位置，许多设计师会选择把它放在车辆的后部——不少传统车企品牌车辆的设计就是如此，尾部通常呈龟背形，显得笨重。但是如果抛弃固有思维，用马斯克常说的第一性原理（即找到问题最开始的起点）思考，就会得出这样的结论：放置电池包的最佳位置是底部，它使车辆的重心很低，更加安全。特斯拉首席设计师弗朗茨·冯·霍兹豪森在描述这种结构时说："很像滑板，底部是电池包，电机位于后轮之间，这上面的一切都大有可为。"

Model S的电机比同等功率的燃油车发动机要小得多，可以安装在轮毂之间，原本放置发动机的位置空出来了，特斯拉将其设计为一个前备箱，这让它比燃油车更为安全：在正面碰撞时，前备箱能提供一个较长的缓冲区，而不是一大块铁疙瘩直接挤进乘客舱。

对电动车来说，关键还是性能。在电机功率和电池供能固定的情况下，如何实现最佳性能？这需要在车身的空气动力学性能、轮胎的滚动阻力、灯和空调能源消耗等细节上下功夫。

弗朗茨·冯·霍兹豪森在2011年的一篇博文中详细描述了Model S的设计过程："就像耐力运动员日复一日地磨炼自己的身体一样，我们也在不断地雕刻车辆的设计，以实现最佳性能。"他描述了这次设计原型车和以往工作的差异：以前在其他汽车公司工作时，他会把设计好的方案交给生产部门，然后他的任务就完成了；在特斯拉，设计团队基于对生产现实的基本理解创造设计原型，和工程团队建立紧密联系，车辆的每1毫米都经过了设计和工程团队的再三考量。

最基本的产品逻辑

"Model S最基本的产品逻辑,就是车轮上的电脑。"马斯克说。仅仅是性能超越燃油车,不一定能够赢得大众的青睐,它必须有独特的优势,比如前所未有的智能化设计。

中华人民共和国工业和信息化部在《工业和信息化部关于加强车联网网络安全和数据安全工作的通知》(工信部网安〔2021〕134号)中指出,智能网联汽车是搭载先进的车载传感器、控制器、执行器等装置,并融合现代通信与网络技术,实现车与车、路、人、云端等智能信息交换、共享,具备复杂环境感知、智能决策、协同控制等功能,可实现"安全、高效、舒适、节能"行驶的新一代汽车。

在Model S面世之前的传统汽车虽然也开始逐步配置或是装饰了一些智能化的功能,但并没有真正意义上做到整车的智能化。通常,它们的每个功能都由机电硬件、控制芯片和配套的软件三者来实现,三者构成一个独立的闭环,每个功能由各自的芯片独立控制。在传统燃油车的架构里,整车厂只是设计一系列技术标准给部件供应商,部件供应商交付给整车厂的是一个个"硬件+芯片+嵌入式软件"的封闭子系统,这些子系统对整车厂而言其实是执行特定功能的黑盒子。不同供应商的能力参差不齐,数量庞大的黑盒子也可能引发协调性和可靠性方面的问题。

这些由独立的芯片和软硬件构成的子系统越来越冗余。几十个盒子往往来自几十个供应商,也就意味着它们是几十个独立的架构,有几十个逻辑系统,这往往也意味着脆弱及低效。因此,传统汽车只是实现了部分功能的电控化，其内部本质上仍处于割裂的状态，并没有形成一套完整的系统，难以实现真正的智能化。

特斯拉Model S作为第一款真正意义上的智能电动车，更像是车轮上的电脑，不只车上的大部分机械结构功能被全面替换成电控结构，而且做到了整车电控系统的高度集成，从电池、电控到车机，再到包括转向系统、制动系统、悬挂系统等，每个功能都能通过电信号连接到车载计算机的控制器，接收中央控制器的指令，由一个"大脑"统一调配。车载计算机集中统一控制，将绝大多数的硬件都置于特斯拉的统一软件之下。比如，2022年年末，在Model S Plaid推出的赛道模式中，车主可以直接通过操作触控屏幕上的滑块来控制前后轴的动力分配，还可以改变电机的扭矩，以及进行其他设置和调整，以实现不同程度的漂移，真正做到软件控制硬件。

这样的设计让特斯拉车上的控制芯片得以从传统的几十甚至上百个缩减到十几个。通过少数高性能、高权限芯片分管多个功能，Model S的电气系统更加简化和高效。

此外，特斯拉的车载芯片基本为自主研发，这使得其能从根源上牢牢掌握各功能的控制权，具备垂直打通软硬件的能力。人们可以通过改写软件，来直接改变硬件的功能。

软件更少出错，随着技术的改进，系统可以快速而完整地升级。"如果你住在硅谷，你肯定想要一辆时刻联网、随时升级的车。"马斯克说。

如何升级？这是Model S为汽车行业带来的又一开拓性创新——OTA空中升级技术。

在传统的汽车产业中，通常只有在每年推出新车型时，性能才会有所改进。每4~7年就会进行一次改款，并且在生命周期里需要频繁保养，包括补充机油、更换火花塞和其他消耗品。如果要升级软件服务，就要把车开回经销商那里。总而言之，车辆一旦被制造出来就基本保持不变，它们是作为成品销售的，其功能是已知的且已被固定。

特斯拉则大量利用互联网的技术和理念，用数字化重新定义车这一产品。特斯拉每隔一段时间就会发布新的软件版本，以升级正在制造和已售出车辆的功能。这改变了传统汽车的生命周期迭代模式。

特斯拉通过OTA空中升级技术的应用实现了远程的软件更新和功能升级，是行业内首家做到整车OTA空中升级的车企。相比传统燃油车，Model S及特斯拉全系车型都无须将车辆开回店里，而是可以通过无线网络连接随时随地更新系统，为车主提供车辆性能方面持续的改进和升级，这也大大延长了车辆的使用寿命，满足用户需求并适应技术发展。

特斯拉软件工程副总裁戴维·刘（David Lau）表示，特斯拉OTA空中升级技术的核心竞争力之一就是通过用户的数据反馈，不断改进软件技术，提高车辆的行驶表现。同时，OTA空中升级技术拥有远程车辆诊断等功能，可以覆盖手机移动端、出行服务端，实现整体性的出行服务升级，"我们要做的就是开发用户从未想象过的功能"。

这时，电动车本质上就从一款机械产品变成了一款数码产品。而作为一款数码产品，只有OTA空中升级技术显然还不够。"你造出了一台车轮上的电脑，你就得给它配上一个大屏幕，你会想要一个触控界面。"马斯克说。

马斯克希望把大屏幕嵌入车厢内，他也的确这么做了。在2009年发布的初代Model S上，特斯拉就加入了17英寸的竖式屏幕设计。彼时，被视为智能手机和传统功能手机分野的第一代iPhone（苹果手机）刚刚发布4年多，3.5英寸屏幕的手机尚且能称为大屏手机，作为平板电脑始祖的iPad（苹果平板电脑）也还没有面世。2012年初代Model S交付，消费者第一次实现了在车内大屏幕上触屏操作。而后随着不断地优化升级，Model S车内中控台的触控显示屏和语音识别系统已经构成一套先进的人机交互系统，支持车载互联和多种智能化功能。触控显示屏可以让驾驶员直观地操作车辆和访问车辆的各种功能，如调节温度、控制音乐、设置导航等。语音识别系统则允许驾驶员使用语音指令与车辆进行交互，如通过语音命令调节音量、打电话、发短信。这种智能化的人机交互系统提高了车辆的实用性和便利性，减少了驾驶员的分心情况，提高了驾驶的安全性。

因为它是一台拥有触控界面的电脑，很多功能可以被集成到这个大屏幕上，所以很多物理按键就可以被替代，包括车辆普遍配备的后备箱开关、反光镜调节按钮等。

2022—2023年，特斯拉中国进行了21次OTA空中升级，不断添加新功能及优化体验。车主一次购买，常用常新。每辆特斯拉都持续进化，以确保它"永不过时"。

智能化的下一站：自动化

成为"车轮上的电脑"只是特斯拉实现智能化的第一步。Model S发布后，特斯拉又开始推动智能化不断进化，追求完全自动驾驶。此时，智能化的意义变成了"自动化""自主运行"。

2013年5月，马斯克表示："自动驾驶系统用在飞机上是好事，我们应该也把它放到车上。"说这句话时，特斯拉量产的车型只有Model S，自动驾驶技术也还停留在实验阶段，但是马斯克具备一项强大的能力——能够让前沿科技快速投入市场。2014年，特斯拉在Model S上首次推出Autopilot自动辅助驾驶功能，并通过OTA空中升级技术推送给已售出的车辆。

在效率方面，Model S的Autopilot自动辅助驾驶功能可以根据路况自动调整速度，降低能耗，提高行驶效率。而在舒适性方面，Autopilot自动辅助驾驶功能可以减轻驾驶员的驾驶负担，让其能够在长途驾驶中更加轻松地享受驾驶乐趣，同时大幅提升驾驶安全性。

特斯拉以Model S为载体进行的探索以今天的视角来看具有前瞻性。时至今日，智能化已经被公认为汽车技术发展进程中的一次革新，新能源车智能化的核心——芯片、软件、算法、数据，特斯拉都花重金投入，实现了关键技术自主研发。通过自研的高算力完全自动驾驶芯片，配合数量庞大的车队提供海量数据，其人工智能算法与应用软件不断地迭代升级，让特斯拉有能力持续探索车辆智能化发展的前沿技术。截至2024年4月，特斯拉完全自动驾驶测试版系统的总行驶里程再创行业新高，已达到10亿英里。

但是，要想真正走近消费者，特斯拉还需要打赢另外一场"战争"，其中面临的挑战和困难不亚于技术创新。

第 3 章

直营模式：
车辆销售新渠道的诞生

2008年，特斯拉掀起了一场行业变革——直营。直营模式是指取消传统的经销商环节，厂商直接将车卖给客户，统一定价、官方售后。

最初，在美国的50个州及华盛顿特区中有48个都明文保护经销商销售体系，几乎所有新车都是通过授权经销商进行第三方销售。为了推行直营模式，十几年间，特斯拉在美国不断游说、起诉，推动立法，试图挣脱旧的汽车分销规定的束缚。截至2023年，特斯拉在全球已建成超过1 000家直营门店。这在十几年前冗长的购车流程和信息不对称的环境中是不可想象的。

如今，被新老车企广泛复制的直营模式，让原本决策成本高的乘用车消费，在有了统一的定价、销售和服务体系后，变成了一种更便捷、更透明的消费体验。

立法之仗

1917年，美国30家汽车经销商联合成立了美国汽车经销商协会，他们游说各地政府支持这一体系，甚至立法保护。此后，有超过1.6万家新车经销商成为这一制度的受益者，他们同时也是某种意义上的汽车销售模式的垄断者。特斯拉想要在美国市场打破旧制度、推广直营模式，就必须挑战美国汽车经销商协会稳固的地位。这是一场持久、艰难的立法之仗。

2012年，Model S开始交付。2013年，在美国北卡罗来纳州，虽然已经有80多辆Model S在路上行驶，但特斯拉无法开设线下直营体验店。北卡罗来纳州甚至打算专门通过一项新法案，阻止特斯拉直接销售电动车。

特斯拉最终在北卡罗来纳州打赢了第一仗，这种战术也被沿用至今：一边努力在各州游说、上诉，一边通过产品说话，尽可能地争取消费者、立法者和舆论的支持。特斯拉甚至曾经将Model S 搬到立法机构的门口展示，参议员埃莉诺·金奈尔德试驾后毫不吝啬地表达了对这辆电动车的喜爱。

2014年6月，在新泽西州，经过8个月的立法之争，特斯拉争取到了直营专卖店的立法许可，并拿到了开设4家直营店的授权。当时，马斯克曾在特斯拉的官方博客上发表《写给新泽西州的人们》一文，他提到特斯拉之所以不通过经销商售卖，是因为新厂商和经销商之间存在根本上的利益冲突。马斯克说："当人们已经习惯了旧汽车，销售新公司的新技术车辆就要困难得多。"

截至2023年12月，在美国仍有大约10个州禁止特斯拉直接面向消费者销售，即便是在特斯拉建设超级工厂并设立全球总部的得克萨斯州，直营模式仍然面临阻碍。但好消息是越来越多的州解除了对特斯拉直营模式的禁令，原本被经销商"吃走"的利润也回馈给了消费者。

特斯拉的直营模式也在不断调整。2019年，特斯拉迎来了线上化的升级。马斯克提到："在美国的许多地方，由于特许经营法，我们不能卖车，但如果现在线上就能完成销售，那么所有美国人都可以立即购买特斯拉。我认为这将在很大程度上提升我们的销售能力。"当时，马斯克曾设想把所有销售活动转移到网上，逐渐关闭旗下378家实体门店（最后只关闭了一小部分）。

不要中间商，直面消费者

传统的经销商销售模式带来的问题是显而易见的，曾经选购车辆的流程是：打开地图寻找附近的经销商（往往都在郊区），逐一到店问询车型、价格、附赠的售后服务，找到心仪的车型后，再仔细对比各经销商之间的价差，了解付款方式的差异后再做抉择。在某些时候，甚至还需要做跨地区的对比。

因为信息不透明，人们购买汽车时需要货比三家，判断自己得到的报价是否相对划算。这往往会耗费大量的时间和沟通成本。更重要的是，在传统销售模式下，汽车制造商、经销商和售后大多各自为政，消费者往往需要多处拼凑，才能得到从了解、试驾、购买到售后的完整体验。这也意味着一辆车从发售、交付到使用的过程中，会有中间商层层获利，消费者需要承担更多的成本。

从特斯拉诞生之初，马斯克就认为直营模式对于特斯拉十分重要。因为纯电动车和燃油车差别太大，如果走传统经销商渠道，电动车的优点不容易被消费者感知，会淹没在燃油车的汪洋大海中。直营模式则可以提供更专业的服务，以及更好的购买体验。直营是纯电动车撕开市场，接触到消费者的第一步。

在传统汽车销售模式下，经销商只有溢价销售才能盈利。与此同时，在过去很长一段时间里，车企往往只能通过限制最低转售价格来缓解经销商之间的竞争。在这种情况下，一款汽车的售价几乎很难做到统一，尤其是经销商会通过附带的服务、售后保障来增加溢价。这种销售系统在传统的新车销售中已经成为常态。另外，在传统经销商模式中，利润更多地来自销售服务、汽车改装和配件等方面，而电动车无须更换机油、火花塞或燃油滤清器等，也无须进行复杂的保养（因此不会产生其他隐形开支），这也让过分依赖售后服务环节的传统经销商模式不再适用。

原有的特许经营模式本是为了保证加盟商与汽车厂商之间的公平交易，后来却成为新公司直接向消费者销售产品的障碍。特斯拉的直营模式正是在这一背景下不得不走的一条艰难的路。

直营模式意味着车企需要修炼更多的能力，原本落在经销商身上的4S门店租赁、装修、员工招聘培训等成本都需要车企自己承担。而且，特斯拉几乎需要重塑一套市场规则。在直营模式的大方向下，特斯拉进一步将传统销售模式拆解开，体验店负责接待、试驾，官网、App（手机应用程序）、官方新媒体渠道负责接受消费者下单，引导成交，再由特斯拉官方负责产品交付和售后。责任明确之后，价格体系得到了集中控制，官方提供的售后服务也更加透明和直接。

特斯拉原总法律顾问托德·马龙在接受《财富》杂志采访时提到，电动车是一项新技术，因此特斯拉的门店既要成为潜在用户的"教育中心"，又必须位于交通便利的地方。苹果建立自家品牌的专卖店时，乔布斯也宣扬过类似的"教育消费者"的理论。直营模式让特斯拉在店铺选址上有了决策权。在特斯拉的带动下，更多汽车品牌的4S体验店从郊区转入城市、走进商场。

"（传统售车模式）控制信息、控制你，从你一脚踏进4S店的停车区域就开始了……特斯拉希望销售过程能完全透明，尽可能地为消费者提供帮助，我们的工作便是退后，让产品自己来说话。"这是特斯拉最初的对外宣言。

公正、透明的价格体系

直营模式尽可能保障"一个公正的价格"。特斯拉进入中国市场时，创新的定价模式就引发了争议，Model S在中国的定价比同级别车低很多。对此，2014年1月22日，特斯拉在官网上对定价进行了详尽的阐述。这篇名为"一个公正的价格"的文章指出:"这款车型在中国的价格与在美国的价格一致,多的只是不可避免的关税、运输费用和其他税费。我们甚至没有考虑汇率波动和特斯拉将在全中国建设超级充电网络(供当时的 Model S 车主免费使用)的费用。"

直营模式让特斯拉的定价体系透明且反应迅速。2018年7月1日,国务院关税税则委员会公告汽车整车和零部件关税下调。这一政策发布后仅5个小时,特斯拉就制定出了新的价格调整方案,并传达至全国所有的销售网点。这在经销商模式下几乎无法实现。

在直营模式下,价格体系也更有保障。特斯拉不需要考虑经销商的库存积压,可以根据供需信号、供应链上下游的成本变化,灵活调整出口/内销比例和定价。对消费者来说,这提供的是一个透明且公正的价格体系,产品和价值也可以更对等。

除了全国统一的销售价格,直营带来了更系统化的售后服务。特斯拉的售后服务中心并不以获利为首要目标,这让特斯拉车主不仅在购买时,而且在售后环节也能享受公正的价格。在直营模式下,官方也可以提供养护、远程诊断等配套服务。这样做直接把价格体系和售后体系摆在了台面上。2023年,美国报废车交易服务平台 The Clunker Junker 的调查显示,豪华汽车品牌当中,特斯拉的养护成本最低,10年的养护费用仅为车辆价值的7.1%。[1]

2013年12月,特斯拉把自己在中国的第一家门店开在了北京侨福芳草地购物中心,率先为中国市场带来了线下体验、线上下单、全国统一价格的直营模式。10年后,中国已成为市场规模与美国相当的特斯拉最大的市场之一,销售网络也在持续扩张。

---

[1] https://theclunkerjunker.com/blog/which-cars-have-thebest-maintenance-costs

截至2023年12月，特斯拉中国体验店及服务中心已超过500家，覆盖70多个城市。

新零售转型

　　马斯克认为，打造好店和打造好车都要投入大量的精力。

　　直营模式之所以能得到国内外车企的认可并被普及，根本原因是消费者愿意为此类服务和产品埋单。

　　在直营模式下，车企在销售点位上有了更多的选择。直营可以做商超店，可以选在客流量更大的购物中心。更好的点位就意味着更大的曝光量和人流量，进而转化成更多的销售线索和销量。

　　中国汽车流通协会发布的《2021—2022中国汽车流通行业发展报告》提到：2021年，中国新能源汽车在商场/购物中心开设的门店已经达到2 200余家。

　　截至2024年1月，特斯拉在全球门店数量已经超过1 000家，在中国已经超过500家。正如特斯拉公司副总裁王昊所说，直营模式带来的好处是多方面的，它不仅让企业和用户之间的沟通变得简单清晰，用户可以直接通过门店的销售、服务等工作人员与品牌沟通，品牌也能第一时间了解用户的真实想法和需求并采取改进措施。更重要的是，直营模式减少了中间商和经销商，消费者可以享受到更低、更透明的产品价格体系，以及更好的维修服务，而电动车销售和服务领域的规范和繁荣，一定程度上也在让整个行业变得更好。

　　消费者的消费习惯随之发生了变化，尤其是对成长于互联网文化中的年轻一代消费者来说，简单如网购的购车体验已经是一种可预见的消费喜好。不少人选择跳过店内试驾环节，直接在网上购车。德勤全球发布的一份消费者调研报告表明：超过40%的中国消费者希望绕过传统经销商渠道，直接从厂家购买汽车。

在以特斯拉为首的品牌的引领下，新零售转型（包括试水直营模式）已经是蓬勃发展的大趋势。2019年，德勤在对中国新能源汽车的趋势分析中写道："直销模式是互联网造车新势力为行业带来的最大变革与冲击，他们通过自建自营的零售新业态以及覆盖用户全生命周期的服务，为用户带来耳目一新的品牌体验，解决了传统经销商模式下价格不透明、服务体验欠佳等诸多弊端。"[1]

如今，在商场里看到新能源车的体验店已经不足为奇，更多品牌的消费者都可以享受到直营模式带来的透明和高效。直营模式辅助特斯拉从行业的挑战者、独行者转变为引领者之一，甚至改变了旧模式下的车辆生产销售方式。

---

1 https://www.163.com/dy/article/EK57MMOQ0527CRVH.html

第4章

好的产品会说话

马斯克有很多乍看起来非常极端的观点。比如，在他看来，所谓广告就是试图说服消费者购买一些实际上并不理想的产品。产品本身才是最好的广告，因此，特斯拉的第三方广告支出可以忽略不计。

专注于产品开发本身

从整个行业来看，消费者在买车时难免为广告埋单。这一点可以在上市车企的财报中找到。据不完全统计，主流上市车企的单车广告成本普遍在几百到数万元不等。

中国汽车流通协会汽车市场研究分会（乘联会）秘书长崔东树在接受记者采访时表示："从数据来看，新势力每卖一辆车所花费的营销费用普遍高于传统车企。新势力在销量上还有很大的上升空间，未来，它们需要通过销量提升来摊薄每辆车所花费的营销费用。"

新势力和传统车企的高额广告费用都花在了什么地方？以"新车上市"的宣传为例，为达到公众宣传与观点植入两大核心传播目的，车企通常会做全周期的"硬广"与"软广"投入。在"硬广"阶段，一个日均流量千万级的传播介质每日就能消耗30万元（按行业均价低位0.03元/点击计算）的推广传播费用；在"软广"阶段，一场跨城市的媒体活动的投入成本几十万元，倘若邀请名人代言，则活动投入会动辄突破百万元。

此外，为了维护良好的媒体关系和口碑，车企大笔的营销费用砸出去，虽然销量不一定变好，但短期内媒体态度和舆论环境总是会友好一些。有些车企的市场部甚至会把公布销量这一常规动作做成展示其营销水平的舞台。究其本质，不过都是文字游戏和营销手段。马斯克曾在社交媒体上表示,特斯拉专注于产品开发本身。以2022年为例,特斯拉全年总体研发投入30.75亿美元。如果把时间线拉长做一个粗略的计算,根据特斯拉财报,2011—2022年,特斯拉的研发总投入高达140.72亿美元,按照"S3XY"系列、Semi、赛博越野旅行车6款车型计算,单车型投入研发成本为23.45亿美元。按照同样的计算逻辑,某新势力车企2016—2022年的研发总投入为43.32亿美元,同时按照9款车型计算,单车型研发投入4.81亿美元。单车型研发投入成本仅为特斯拉的20%。

"特斯拉一直坚信,好的产品自己会说话。特斯拉能够实现盈利的关键在于将95%以上的精力和资源放在技术创新和生产制造上,在研发、生产、售后服务、基础设施建设等领域持续大力投入,不在非必要的领域浪费一丁点儿精力和资源。事实也证明,真正好的产品最终会获得消费者的认可并被口口相传。"特斯拉公司副总裁陶琳在接受媒体采访时称。

特斯拉的研发逻辑不仅体现在"产品本身工艺品质的提升",在通过研发降低成本及售价方面同样有所体现。特斯拉前首席财务官曾在2023年投资者日上表示,截至2022年年末,Model 3每辆车的成本已经降低30%;弗里蒙特工厂2023年的生产效率也已是2018年的两倍;相较于传统汽车制造商,特斯拉的管理成本要少60%~70%。

成本的降低直接体现在售价上。以Model 3后轮驱动版为例,2019年4月,在国内的售价为37.7万元人民币,其中包含进口关税、国际运输费等费用,而4年后的2023年8月,该车型已经全部由上海超级工厂供应,并且通过一系列的降本增效措施,其售价下探至23.19万元。

在2023年投资者日上,马斯克透露,特斯拉计划推出更为紧凑、亲民的"下一代平台"（Next Generation），成本还将会进一步降低。

"好的产品会说话"本质上体现的是优胜劣汰的市场逻辑，而非过度凸显、包装乃至矫饰事实的营销逻辑。在自由市场环境中，只要产品足够好，就能进入一个研发带动销量、销量反哺研发的正向循环。

口碑传播裂变

不把精力过多放在广告上，并不意味着特斯拉不注重与消费者沟通。作为全球话题性极强的企业之一，特斯拉不仅不缺舆论关注度，还对新媒体传播有着独到的理解。《特斯拉2022年影响力报告》指出：仅在推特平台（后改名为"X"），特斯拉的关注人数就达1 900万，总阅读数达10亿次。此外，马斯克个人在推特上还拥有超1.6亿名粉丝。

在中国，社交媒体同样是特斯拉的重要传播阵地。截至2023年7月，特斯拉官方抖音账号、微博账号的关注人数分别为157万和115万。据不完全统计，特斯拉在各新媒体渠道的总粉丝量逾2 000万。

在利用意见领袖的影响力方面，特斯拉具备天然优势：马斯克的创业故事在中国吸引了大量关注者，包括创业者、投资人和科技人士等，这些人大部分以意见领袖的身份活跃在社交媒体上。基于此，特斯拉中国的传播团队在没有广告/媒体预算的情况下，依旧和大量达人、媒体建立了积极正面的信息共享机制，带动特斯拉的话题触达消费者。

此外，特斯拉在车主口碑裂变传播方面也有自己的心得。

2014年4月22日，马斯克向第一批中国区车主交付了Model S。在交付现场，新浪CEO（首席执行官）曹国伟，汽车之家创始人、后来的理想汽车创始人李想等人成为中国首批特斯拉车主，他们大多为互联网、汽车及关联行业的从业者。加之特斯拉本就属于颇具创新精神的新能源汽车赛道，科技、前卫的消费理念成为特斯拉车主早期的用户标签。

与此同时，2014年，Model S上市后形成了用户自发推荐的口碑传播效应。2015年，特斯拉在全球启动了车主引荐奖励计划。符合引荐条件的车主可获得价值1 000美元的积分，此积分可用于在服务中心支付服务费用或通过维修单上的服务中心购买车辆配件。

在这个计划中，特斯拉将积分作为车主的奖品不仅能让车主获益，从而加快口碑传播速度，而且能进一步加深用户对特斯拉品牌的认同，让特斯拉获得更多的品牌展示机会。引荐奖励不仅体现了特斯拉对老客户忠诚度的重视，同时显示出其对维护市场稳定和发展的长远考虑。通过鼓励现有车主推荐新用户购车，特斯拉不仅扩大了自身的客户群，也加强了品牌的口碑传播。

攀枝戛村便是特斯拉口碑传播裂变的一个典型。云南曲靖宣威市普立乡攀枝戛村地处山区，当地村民以农业、特色旅游业作为主要收入来源。2021年5月，一位村民购买了全村第一辆特斯拉，此后在村民们的口碑相传与相互引荐下，截至2023年9月，村民们已经陆续订购了56辆特斯拉。除了本身的出行诉求，借助特斯拉露营模式，村民把车内露营打造成旅游项目，在解决客房紧张问题的同时，也为游客提供了别具一格的旅游体验。

不同于广告传播，口碑传播的基石是产品实力。权威机构标普全球汽车根据2023年上半年全球新车注册数据，发布了消费者品牌忠诚度排名，特斯拉再度位列第一，品牌忠诚度达68.4%，远高于行业平均水平——50.6%。标普全球汽车分析表示，特斯拉"S3XY"全系车型都拥有很高的用户留存率，其中 Model 3 的表现最出色，车主的品牌忠诚度超过 74%。

特斯拉从第一性原理出发，关注产品本身，贯彻重研发投入的"工程师文化"，通过研发提升产品性能及制造效率，同时使得车价更可负担，降低购车门槛，而软件部分的迭代升级又给予新老车型平等的使用体验。特斯拉的传播逻辑是用好的产品获得用户口碑，形成正向推荐及转化。

陶琳曾表示："新能源车行业发展的关键是回归产品和技术本身。车企需要思考的是，什么样的产品能最大程度地满足消费者的需求，并从消费者的角度出发，前置性地考虑技术创新和产品力的升级。"

在 2023 年 5 月 16 日召开的特斯拉股东大会上，有股东表示，特斯拉的产品力极佳，但仍旧有一些人对特斯拉毫无了解，并提议为特斯拉投放广告。马斯克回应："我们会尝试做一点儿广告，看看效果如何。"仅这一句话就引发了不少粉丝的讨论和期待，毕竟大家都知道，按照特斯拉的一贯风格，它的广告大概率也会不走寻常路——做一些不一样的事。

特斯拉的自信不仅体现在广告策略上，也体现在其开放专利战略上。

第 5 章

开放专利战略

"昨天，我们公司总部门口还竖立着一面专利墙；今天，为了专利开源行动和发展电动车产业，我们决定把这堵墙拆掉。"2014年6月12日，马斯克在特斯拉官网上发文公开表示，为推动电动车技术发展，特斯拉将开放所有专利，任何人只要是出于善意使用特斯拉的技术，特斯拉就不会发起专利侵权诉讼。这篇文章的标题是"我们所有的专利属于你"。

专利技术常常被视为一种商业竞争的手段，很多企业试图以知识产权获得垄断利润，提高公司在行业中的地位和竞争力。"但这种做法并不正确，"马斯克说，"开放专利只会增强而不会削弱特斯拉的地位，技术领导地位不取决于专利，而取决于公司吸引和调动人才的能力。"马斯克揭开了特斯拉开放专利背后的逻辑：真正的竞争优势是足够迅猛的创新速度，而不是遏制别人进步。

在马斯克看来，最好的专利保护是一家公司吸引和激励世界上最具才能的工程师的能力。因此，他欣赏以创新取胜的公司。特斯拉免费开放专利，正是为了提升业内公司和从业者的创新能力，希望推动新能源车行业共同向前。

2023年年末，特斯拉宣布初代Roadster的所有原始设计结构和工程图纸完全开源，马斯克还与其他车辆制造商分享了赛博越野旅行车使用的48伏低压架构的专利系统设计图。特斯拉一直在加速开放战略的实施，在全球试点开放充电网络，并表示未来可能进一步开放授权与自动驾驶相关的技术给其他公司。

"如果有人制造出比特斯拉更好的电动车，以致我们卖不掉车，最终破产……我依然会觉得这对世界来说是件好事。"马斯克说，"特斯拉的使命是加速世界向可持续能源的转变。"

事实证明，特斯拉的开放专利战略非但没有降低公司的利润和竞争力，反而促进了自身和整个新能源车行业的蓬勃发展。

"我们所有的专利属于你"

开放专利并不意味着特斯拉放弃专利权，准确地说，是特斯拉承诺不追究那些善意使用者的侵权责任。

马斯克希望，在公众眼中，特斯拉是一家致力于开放式创新的公司。截至2020年，特斯拉已在全球申请了约3 304项专利，属于986个专利族，包括：（1）纯电动车综合控制、电机控制系统制造及优化；（2）电芯技术、成组技术、平衡优化和寿命管理；（3）车辆系统控制、热失控检测与报警、多种电源匹配应用技术；（4）防止过充过放等电池滥用技术，高压电连接和高压安全技术；（5）车辆外观。

特斯拉的很多思路都是开创性的，可以给行业提供新的研发思路和路线。例如，特斯拉公布了一项电池温控系统专利，将其管理8 000多节电池温度的思路公之于众，该专利被引用了80多次，为其他开发者提供了电池温度管理的流程参考。特斯拉公布的另一重要技术是低温电机加热系统，即利用电机产生的废热给电池加热，达到在冬季提升续航里程的目的。这种集成式整车热管理的专利同样给业界提供了研发思路，不需要加大电池包，仅通过优化电气设备和能耗就能显著提升续航里程。

这就是马斯克推崇的第一性原理的价值体现，它能够帮助人们理解事物的本质。据了解，多家车企都曾参考特斯拉开放的专利，其中特斯拉的电池管理技术、Autopilot自动辅助驾驶功能、电控系统技术等广受好评。

特斯拉的相关负责人也曾公开表示，开放专利是希望更多的人可以参与研发电动车技术，进一步推动电动车发展，这也体现了特斯拉实施开放战略的初衷：让电动车真正替代燃油车。在特斯拉的超级充电技术和电池集成整合技术的帮助下，充电站的建设和运行成本得以被成功控制。

马斯克表示："特斯拉对于授权软件，以及提供动力系统和电池持开放态度。我们只想加速发展使用可持续能源，而不是压垮对手。"

开放网络、统一充电标准和授权完全自动驾驶

特斯拉开放的不止专利和技术。2021年11月特斯拉在全球范围内启动超级充电站试点开放计划。2023年4月25日，特斯拉官方宣布，正式在中国面向部分非特斯拉品牌新能源车辆试点开放充电站，进一步推动"充电网络开放试点计划"落地，首批试点开放的充电站中，包含10座超级充电站、120座目的地充电站。2024年3月，特斯拉再次扩大开放范围，向更多品牌电动车开放450多座超级充电站、350多座目的地充电站。

在美国，2024年年底前，特斯拉超级充电站和目的地充电站网络中的至少7 500个充电桩将向非特斯拉电动车开放。

自2012年起，北美充电标准（NACS）已在所有北美市场的特斯拉车辆上使用，并于2022年向其他制造商开放使用。这个充电标准也被称为特斯拉充电标准，是特斯拉开发的电动车充电连接器系统。为开放充电网络、统一充电标准，马斯克在社交平台上邀请丰田等车企使用特斯拉充电标准。2023年6月，继行业巨头福特汽车和通用汽车宣布将采用特斯拉充电标准后，美国造车新势力Rivian也宣布在充电标准方面与特斯拉保持一致。与此同时，现代汽车、斯特兰蒂斯、梅赛德斯-奔驰、日产、沃尔沃等大型车企也纷纷表示将采用特斯拉充电标准。此前，充

电协议标准的不统一被视为电动车普及的障碍之一，特斯拉开放充电网络及统一充电标准的创举迅速扩大了电动车消费市场。

除了统一标准，特斯拉的开放还将使交通运输业更可持续。2022年，特斯拉借助充电站当地资源和年度可再生资源的匹配，使全球超级充电网络电力的可再生利用率达到100%。《特斯拉2022年影响力报告》指出，以中国市场为例，使用特斯拉充电网络的电动车每行驶1千米可以减少高达317克的碳排放，比传统燃油车降低了65%。这与中华人民共和国生态环境部2024年发布的《大气污染物与温室气体融合排放清单编制技术指南（试行）》中提到的燃油车的碳排放是电车的2.8倍基本吻合。[1]让更多品牌的电动车使用特斯拉的充电网络充电，无疑可以减少交通行业的碳排放，提高可持续性。

特斯拉的开放战略是彻底、全面且持续的，其中甚至包括特斯拉的招牌技术——FSD完全自动驾驶。目前，特斯拉是自动驾驶技术的先行者，开放自动驾驶技术可以推动整个自动驾驶行业的创新和繁荣。马斯克认为，FSD完全自动驾驶会比人类驾驶得更好、更安全，在FSD完全自动驾驶的帮助下，类似疲劳驾驶、路怒症、开车时分心等状况几乎都能够避免。马斯克还在2023年特斯拉股东大会上自信地说，目前没有车企能够在人工智能竞赛中超过甚至接近特斯拉。

马斯克在社交平台上表示："特斯拉希望尽可能地帮助其他车企……我们也很乐意将Autopilot自动辅助驾驶功能、FSD完全自动驾驶能力或其他特斯拉的技术授权给有需要的公司。"马斯克在2023年第二季度的财报会议上提到，特斯拉正在"讨论"将FSD完全自动驾驶技术授权给另一家大型车企。他没有透露该公

---

[1] https://www.mee.gov.cn/xxgk2018/xxgk/xxgk06/202401/W020240130539574113045.pdf

司的名称，但他明确表示授权FSD完全自动驾驶技术一直是计划的一部分。

早在2018年8月，马斯克就在社交媒体上表示："计划开源特斯拉安全软件，从而让其他汽车制造商免费使用它。"在全部车辆实现自动驾驶的愿景下，确保所有自动驾驶技术相互兼容至关重要。只有这样，自动驾驶技术才能加速进步，让交通运输更加安全高效。因此，特斯拉开放自动驾驶技术也是向实现全球交通运输业全面自动驾驶迈出的重要一步。

共同发展

特斯拉需要更多的盟友，只有把新能源车的市场做大，才能在整体汽车市场争取到更大的份额。仅凭一己之力，特斯拉很难与庞大的传统汽车厂商抗衡，开放专利技术将有利于更多的造车新势力进入新能源车赛道，提高新能源车的市场认知度和整体渗透率，把新能源车的蛋糕做得更大。

对特斯拉而言，开放战略首先会促进公司创新，也会加快其他新能源车企的创新速度，带来进一步的启发和创新。基于持续而强大的创新能力，特斯拉有着绝对的先发优势——技术优势、规模优势和品牌优势。而且，在开放战略的加持下，特斯拉的行业领军地位会进一步得到巩固。"我们认为，竞争从来都不是坏事。孤军深入的领先是非常脆弱的，只有行业共荣才能给我们的生活带来真正有益的推动力。"正如特斯拉公司副总裁陶琳所说，特斯拉的开放会推动行业的迅猛发展，而行业共荣也会反过来助力特斯拉实现自己的使命。

"特斯拉有幸和中国新能源车产业共同成长，共生共荣，也希望能与同行共同推动产业发展，"陶琳说，"特斯拉一直在考虑如何把产品做得更好，如何让更多的人负担得起我们的产品，而不是花精力去研究其他企业在做什么。新能源车市场远没有达到零和博弈的局面。消费者的需求是多种多样的，但是目前的选择还没有那么多，比如特斯拉目前（截至2023年）在中国只有四款产品，我们希望各个新能源车企能在市场上百花齐放。因此大家看到，在专利、技术、人才等诸多方面，特斯拉一直保持着开放的姿态，就是希望能推动行业共同发展。"特斯拉的开放战略还将可持续发展的理念带给更广泛的消费者、企业和政策制定者，助力中国实现"双碳"目标。

正是这种摒弃技术垄断、坚持创新取胜的精神，让特斯拉拥有后工业时代最珍贵的浪漫。

第6章
"永不过时的设计"

鹰翼门打开时的 Model X

Model X是特斯拉推出的第一款大型豪华电动SUV（运动型多用途汽车），发布于2015年，搭载高功率和高扭矩电机，不仅相比家用SUV有显著优势，还可以和高性能超跑一争高下。

马斯克第一次介绍Model X时，说它是一款结合了minivan（欧美称"迷你厢式车"，即国内的MPV）的实用和运动轿车的高性能的产品，可以满足更多家庭用车场景下的用车需求。

即使到了今天，Model X依然是一款科技感十足、安全舒适、前卫时尚的车型。追求"永不过时的设计"是特斯拉一直以来的坚持，而简约的设计语言功不可没，做减法的设计正是特斯拉设计和制造功力的体现。

极简化人车交互

Model X内部的简约设计和Model S一脉相承，用特斯拉设计负责人弗朗茨·冯·霍兹豪森的话说，正是可升级的车机系统和简约风格的设计语言，让特斯拉的设计"永不过时"。

除了为驾驶员打造舒适的驾驶舱，对于如何优化驾驶体验，特斯拉有着独特的思考。随着自动驾驶的发展，人们将不再需要亲自驾驶车辆，驾驶员也不再需要手忙脚乱地操作各种按键，车辆将变得非常智能，旧的设计语言已经不能满足如今智能化发展的车辆，设计创新势在必行。

特斯拉依旧把第一性原理作为底层思考逻辑，选择了从源头出发重新定义车辆设计，摒弃了车内的固定布局和复杂设计，采用更先进的交互技术和简约风格的内饰，兼具安全性与舒适性。特斯拉的设计考虑三个方面的问题：（1）安全是一切设计的首要原则；（2）好的设计必须使车辆高效，并提供给乘客更佳的车内体验；（3）智能驾驶是趋势，因此要思考智能驾驶时代的设计变化。

"安全、高效、智能、简洁"构成了特斯拉设计语言的核心要义。2024年1月初，弗朗茨·冯·霍兹豪森到访中国上海，首次向中国媒体与大众介绍了特斯拉独特的设计理念。他认为，对自动驾驶时代的车辆来说，最关键的是人机交互性，车机系统要能够不断改进、升级，特斯拉的内饰正体现了这一电动车的内核——用户界面简洁且兼具互动性。采用触摸方式的设计可以减少用户对操作的思考时间，从而让用户更好地关注驾驶。

这一点在继Model X之后推出的Model 3和Model Y上体现得更为明显。作为对智能化趋势的响应，特斯拉大刀阔斧地调整了中控屏幕与仪表盘设计。特斯拉认为，信息的展示并非越多越好。为此，特斯拉选择将所有信息都集成到中央大屏幕上，在靠近驾驶员的一侧，实时展示车辆状态信息，驾驶员可以查看车速、当前路段限速、挡位、续航等。在远离驾驶员的一侧显示地图导航，同时还可以设置车辆的各个功能。

霍兹豪森表示，市场上有很多过度设计的产品，特斯拉一直在思考，解决问题最简单、高效的方式是什么。"随着时间的推移，那些不需要的元素会慢慢被遗忘、被放弃，人们会想要化繁为简，回归最简洁的版本。"简约的内饰提升了特斯拉车内的和谐感和高级感，而把多种功能集中到一个大尺寸触控屏幕上，不仅给驾乘者提供了更多的自由空间，进一步提高了驾驶员的操作效率，还降低了新手驾驶员的学习成本：坐进驾驶席，除了操控车辆的方向盘，就只用关注中控的大屏幕，再也不会因面对繁杂的仪表盘而不知所措。

即使是作为操控核心的方向盘，特斯拉在设计上也没有遵循传统。以往，设计师会将快捷按键集成在方向盘上，这些按键通常是按压式或拨动式的，每个按键往往只能对应一个独立的功能，然而这种设计方式存在明显的缺点：随着功能的不断增加，按键逐渐变得烦琐，同时操作成本显著增加。

为了进一步降低操作的复杂性，特斯拉选择用滚轮替代按键。滚轮式方向盘按键与中控屏配合使用，可以调节多种功能，比如控制音量和温度、调节外后视镜和方向盘的位置、调节车灯的角度、启动语音命令、在主动巡航控制时设定车速及与前车保持的距离等。功能高度集成的滚轮式方向盘按键设计，不仅让整个座舱看起来更加整洁，而且有助于控制车辆的制造成本。

按照马斯克的理论，"工程师通常会掉入的最大陷阱之一就是试图去优化根本不必存在的东西"，如果一个物理按键不存在，那么需要维修它的可能性就不存在，取消实体按键自然也降低了消费者的车辆维护成本。

此外，新款的Model X和Model S可以选配全新的Yoke方向盘。Yoke方向盘只保留了传统圆形方向盘的下半部分，并且将圆形改为方形，相比传统的圆形方向盘，不容易遮挡驾驶员的视线。Yoke方向盘上的触摸感应按钮和滚轮，取代了传统车辆转向柱上的控制拨杆，可以控制转向灯、雨刷器、喇叭等。车辆在直线行驶时，Yoke方向盘的设计使驾驶员的双手能保持在9点钟和3点钟位置，顶部有凸起方便驾驶员的拇指自然地休息。

特斯拉的简约设计本质上是一种人车交互的简洁，避免了烦琐的操作，创造了更符合用户预期与逻辑的操作界面。极简风格设计使操作界面更加流畅、易于理解，减少了复杂的手动操作，从而提高了驾驶效率。

车身设计的"细节狂魔"

特斯拉的简约设计理念不仅体现在内饰和交互上,也体现在车身造型上。特斯拉一贯注重车身造型的流线,线条简洁流畅,能同时彰显出科技感和现代感,不仅让车辆看起来漂亮,而且符合空气动力学原理,可以降低风阻,用更少的电池实现更长的行驶里程,使车辆的行驶更加高效。

"好的设计是要漂亮、隐形,是要高效、能解决问题,而且解决问题的方式让人很放心。"霍兹豪森表示。同时,简单的线条也极大地方便了工业化生产,可以降低模具的制造费用,将车辆的生产成本控制在相对较低的水平。

电动车不再依赖内燃机,而是借助电池提供的电力驱动车辆,这种能源的替代导致车辆的结构和布局发生了重大改变。比如,燃油车一般需要通过车辆的前脸进气格栅来进气,冷却发动机,对于前脸的造型设计有着严格的限制和要求,但电动车不使用传统的内燃机作为动力源,自然也就不再受传统汽车设计要求的限制,因而电动车的前脸造型自由度较高。

为了充分发挥电动车的这一优势,特斯拉在前脸进气格栅设计上做了大量创新。虽然一开始Model S和Model X仍保留了进气格栅的外观设计,但其尺寸被大幅缩小。这种缩小的格栅设计既实现了对散热的有效管理,也避免了车辆风阻的增加,从而延长了电机和电池的使用寿命。在之后面世的Model 3和Model Y上,特斯拉更是彻底抛弃了进气格栅这一元素,采用全封闭的前脸造型设计。一体化的前脸造型设计让车辆外观看起来更加简洁清爽,更具品牌辨识度,同时在行驶时能引导气流从车身两侧通过,减小空气阻力,降低能耗,符合电力驱动的功能逻辑。

内燃机向电机的转变也使得续航能力成为电动车外观设计的考量之一。为此,纯电动车更加注重空气动力学性能,希望通过优化车身造型设计最大程度地减少空气阻力,从而提高续航能力。车身造型追求简洁流畅,减少了车身表面的硬性转折和凹凸变化,最大限度地减少进气口,调整A柱和C柱的倾斜角度,这些都是特斯拉的设计师从空气动力学角度做出的调整。

除了在前脸取消格栅设计,特斯拉还率先在Model 3的空调出风口上舍弃了惯用的圆形或者方形格栅设计,采用了贯通式隐蔽出风口。干净狭长的中控台饰板下,空调风量均匀地从长条式出风口吹出,能有效改善车内空气的气流组织,有效降低空调出风噪声。隐藏式出风口还降低了中控台的高度,为驾驶员提供了更好的视野。驾乘人员只要用手指滑动触控界面中的点位,隐藏在仪表板中的电机会迅速做出反应,调整风向,反应灵敏程度不亚于机械式调节。此外,当空调开启,如果副驾驶位没有人员乘坐,副驾驶位的出风口将自动关闭出风。

霍兹豪森对此表示:"即使是很小的细节,我们也想不断提升和迭代。在出风口这样非常小、大家也许没有注意到的细节上,我们能够做到大幅提升效率,就像变魔术一样。"

作为"细节狂魔"的特斯拉,连门把手都不会放过。不同于以往车型大多采用的凹陷式门把手设计,特斯拉全系车辆都使用了隐藏式门把手。为了实现门把手的隐藏,从Model S开始,特斯拉配备了精准的传感器、伸缩器、电机等装置和更加复杂的车门结构设计。当车主带着钥匙靠近车辆,通过传感器的感应,车辆会自动识别并弹出门把手,在车辆关闭的状态下,门把手将自动收缩并隐藏起来。

马斯克认为,车辆需要与车身齐平的门把手。门把手在主人到达车辆附近时,会像变魔术一样滑出来,响应电子钥匙发出的信号。尽管隐藏式门把手因复杂的设计受到很多公司高管的反对，但马斯克最终让隐藏式门把手成为特斯拉的标志性设计之一，也启发了后来一众新能源车型的设计。

当然，这个设计不仅在外观造型上充满新意和科技感，对降低风阻系数、提高车辆性能也有很大的作用。也正是通过上述一系列外观设计，特斯拉把风阻系数降到了极致。最新款Model X的风阻系数仅为0.24，在全球量产SUV中表现优异，全新的Model S Plaid更是将风阻系数降低到了0.208。

打造科技感和未来感

在Model X的设计中，鹰翼门极具个性，也相当醒目。

1954年，奔驰首次在300SL系列跑车上使用了鸥翼门的设计，令人耳目一新的造型在当时备受欢迎。但是这种设计在实际使用中存在弊端，除了"车门需要很大的横向距离才能打开，容易撞到周围物体"，还有车顶铰链承受整个车门的重量，易老化损坏，以及车辆侧翻时车门难以打开等一系列问题，这也使得后来的奔驰车系逐渐放弃了这一造型设计。

相比之下，特斯拉独创的鹰翼门在鸥翼门单铰链的基础上，在车门和车身连接处添加了一个额外的铰链，这样就有两个节点参与车门的折叠过程。在车门打开的过程中，鹰翼门会先垂直上升，抬起上部，不占用两侧空间，车门在上升过程中逐渐向外展开，如同雄鹰展翅，从而改变Model X车门折叠处的角度，有效节省了车门开启所需的空间。

除了增加额外的铰链，特斯拉的工程师还在鹰翼门上成功克服了很多铰链设计的困难，确保这样一款造型酷炫的车门同时具备实用性、安全性和耐用性。除了鹰翼门，特斯拉还研发了能自动开关的电动前门。

针对在超狭窄空间开门的场景，Model X的鹰翼门也做了专门的优化。特斯拉为鹰翼门配备了多种传感器，这些传感器通过扫描车辆周围区域，确定有多少空间，再相应地调整鹰翼门的跨度并打开。因此，即便是在比较狭小的空间，鹰翼门也可以灵活躲避障碍物。同时，顶部空间也在特斯拉的考虑之内，如果传感器发现顶部空间不足，车机也会对鹰翼门的开合角度做出相应的调整。事实上，Model X鹰翼门的内部传感器在布局设计上经过了多轮优化和变更。

只要简单触碰按键，鹰翼门就可以实现自动打开和关闭。在鹰翼门和车身接触的位置有两个扭力弹簧，这对弹簧由铰链处的电动执行器提供动力，会不断施加压力，将车门向上旋转以打开车门；当需要关闭车门时，这些电动执行器也能抵抗弹簧的力量，将门安全闭合。

这一系列独具匠心的设计最终使得Model X即使是在左右后视镜距离两侧物体不足10英寸的情况下，依然可以完美开合鹰翼门，甚至还能做到比推拉门更方便。此外，每扇鹰翼门边缘的电容式传感器还可以感应2~4英寸内的障碍物，精确地感知并确保鹰翼门的安全性，不会撞到行人或者周围物品。

同时，鹰翼门的设计还可以给乘客提供更大的空间，让乘客更方便地进入第二排和第三排座位，为行动不便的乘客带来巨大的便利。鹰翼门打开时，最低高度为1.83米，对大部分人来说，上车根本不需要弯腰；在雨雪天气时，鹰翼门还能起到遮挡雨雪的作用，实用性非常强。毕竟，实用与设计的统一才是特斯拉追求的目标，而非仅仅打造美观至上的艺术品。

此外，鹰翼门开关还配备了安全冗余设计，如B柱侧边、鹰翼门后部的按钮、中控屏幕触控、门把手、遥控钥匙等。如果遇到传感器或电源出现问题，车门无法自动打开，可以使用Model X设置的拉绳装置将鹰翼门从门闩上释放，手动开启车门。

除了鹰翼门，Model X的无框车门和全景玻璃车顶也令人印象深刻。无框车门通过在开关门不同状态下自动升降车门玻璃来解决车辆的密封问题，相较有框车门，具有更好的隔音效果。全景玻璃车顶则在隔绝紫外线和噪声的同时，带来了全新的驾乘体验。全景式设计的挡风玻璃从前舱盖根部一直延伸至B柱。Model X拥有面积为2.9平方米的超大曲面前挡风玻璃，相当于传统车辆前挡风玻璃面积的两倍。此外，经过特别优化的防晒隔热玻璃膜和特别制造的防紫外线有色玻璃被马斯克称为"最复杂的遮阳板"。

除了乘用车型"S3XY"系列，在非乘用车领域，特斯拉相继推出了Semi电动商用车和赛博越野旅行车，它们也都延续了特斯拉一贯的设计语言，采用了简约的设计风格。

Semi的外部造型如同一颗子弹，极其简洁；内饰方面，则开拓性地将司机位安排在驾驶室中央，另一组座椅折叠至后方。方向盘两侧均有触控大屏幕，配合大尺寸环绕式挡风玻璃，为驾驶员提供更智能的驾驶辅助和更开阔的视野范围。

赛博越野旅行车的造型更为标新立异，车身造型采用的均是平直线条，将几何外形发挥到极致。霍兹豪森说："我们一直希望设计制造出一个具有未来科技感的产品。我们想融入非常多的创新点，体现出它的坚固性、持续性和耐久性。同时，我们也需要一个非常简洁的解决方案，尤其是在制造端，让制造过程更容易落地。我们最终可以看到，赛博越野旅行车是一个设计、工程、制造多方面创新融合在一起的解决方案，充分体现出未来感。"

特斯拉将中控屏幕作为内饰的中心，结合智能化的技术，通过车机系统的不断改进和升级,使其车辆始终保持与时俱进。

从第一性原理出发做设计,特斯拉每推出一款车型,都会尽可能地将其打磨到极致——经典且接近完美。当一款车经过大量车主验证已经处于令人满意的状态时,就没有必要为了改款而改款,特斯拉接下来需要做的就是通过OTA空中升级技术不断推进功能提升。这样的设计理念赋予了特斯拉"永不过时"的特质。

第7章

充电网络：
把补能作为一种生活方式

特斯拉超级充电站

电动车到底能不能跑长途？至少，如果你只是想"简单"地登个珠峰，特斯拉足以保你全程无忧。

2022年7月，特斯拉车主春森同学驱车从成都出发，历经5天，行驶2 000余千米，抵达了连燃油车都望而却步的珠峰大本营。在海拔5 200米的珠峰大本营，化石燃料难以充分燃烧，珠峰景区也禁止燃油车驶入。

春森同学用一次旅行证明了电动车可以从容面对远途驾驶和一些极端环境。这背后是特斯拉在充电基础设施建设方面的努力。2021年4月，特斯拉建成首条高原超充线，沿着有"最美公路"之称的318国道川藏段，从成都直通珠峰脚下。补能基础设施的建设不仅为一众试图攀登珠峰的特斯拉车主消除了续航之忧，也为其他品牌的电动车畅行川藏提供了便利。

而在2013年，电动车该怎么补能还是个充满争议的话题。

充电，还是换电？

手机、电子闹钟、鼠标、键盘……几乎所有电子产品都已经从曾经的换电池模式进化到了充电模式。对电动车来说，只要充电基建普及范围和充电效率提高到一定程度，充电模式就可以取代换电模式。

充电还是换电只是形式差异，但无论哪种方式，都无法省略充电的环节。自1859年法国科学家加斯东·普兰特发明世界上首个可充电电池起，充电这种补能方式就伴随相关行业走过了铅酸电池、镍镉电池和锂电池三大时代。

如果采用充电模式，电动车车主主要依靠建于停车场和公路沿线的充电桩为车辆充电，根据充电桩的充电功率不同，可以将其分为直流快充桩和交流慢充桩，短则几十分钟，长则几个小时便能为电动车充满电。

如果采用换电模式，电动车车主需要在必要时去往社区、商场和交通枢纽等位置建造的换电站为电动车换电补能。相对于目前的充电模式，换电模式的优势在于补能更快。一般来说，高效的新能源换电站在最佳情况下可以用3~5分钟为电动车完成换电动作，但这并不包含车辆排队等候的时间。

至于为什么不采用换电模式，特斯拉有着多方面的考虑。

首先，充电模式的安全性更高。作为一个高电压、大电流的组件，动力电池与电机的连接安全相当重要，一般连接件的强度难以承受野外颠簸路面等造成的强震动，因此需要相对紧固的连接方式。坚持充电模式的车企可以采用更可靠的紧固方式，如Model S的高压连接接口，大线径都是采用过孔和螺栓固定铜鼻子的结构。充电模式避免了因频繁装卸电池而带来的安全隐患。

此外，换电过程中，电池与车辆之间的磨损也难以避免。每次换电，电池包都要与车辆底盘分离一次，这会不可避免地磨损电池的机械触点。2011年4月，杭州曾发生一起电动出租车自燃事件，事故原因便是电池箱在车辆行驶过程中反复摩擦，导致电池漏液、短路，引起火灾。

其次，时任特斯拉动力总成和能源工程高级副总裁的德鲁·巴格里诺在到访斯坦福大学时提到：安全性之外，从运营角度考虑，换电模式有其缺陷。电池标准化困难：动力电池行业的头部公司生产的动力电池在形状、位置、设计、电芯的结构和数量，以及电池的材料体系等方面都有所不同。换电模式若要大规模商业化，必须解决这些差异造成的品牌兼容性和跨平台功能障碍。无论是当年的BetterPlace（一家开发并销售电动车电池充电和电池切换服务的公司）还是后来的Ample（一家电动车换电服务公司）都希望与车企合作，在电动车上使用统一规格的电池包。可统一的设计也意味着牺牲了产品的特色和创新，这一点无论是上游的电池供应商还是下游的电动车制造商都难以接受。

最后，运营成本和支出是评估充电和换电的主要考虑因素。选择换电方案，仍然需要建设充电基础设施，以及用于置换电池的储能基础设施。从业务的投入产出比角度来看，这样并不够合理。

基于以上原因，特斯拉很快做出选择，集中精力到超级快充和家庭充电。

全场景充电解决方案

在很多人看来，充电和加油其实区别不大，都是补能手段，但特斯拉并不这么认为，因为充电和加油实际上还构筑了两种不同的生活方式和消费场景。

到加油站加油更像是一种机械式的流水线行为，对车主没有快乐和体验感可言，充电则不然。特斯拉车机中内置的包括影音、游戏、KTV在内的诸多娱乐功能，在一定程度上都是为了让车主无感补能而出现的，即车辆充电时，车主也可以给自己"充电"，缓解路途的疲惫。

这也是特斯拉选择自研自建充电站的重要出发点。自建充电站不仅可以与自身产品更好地匹配，同时也能给用户带来更加顺畅的补能体验。此外，在自研、自建、自营模式下，用户的反馈也能在第一时间被同步，从而促进产品的更新迭代。因此，成立初期的特斯拉哪怕在现金流为负的情况下，依旧坚持自研、自建、自营充电网络。

在2015年决定放弃换电路线后，特斯拉更是把对补能业务的全部精力都集中到充电桩建设上，并在欧美初步建成了充电网络。巧合的是，自2016年起，法国、美国、英国、意大利等欧美国家也先后出台相应政策，支持充电设施配套建设。在政策的驱动下，中国、美国、德国、法国、英国和印度等国的充电桩保有量快速增长。

除了完善的充电网络，不断迭代的充电技术也大大压缩了充电的等待时间，车主因此可以把精力集中于旅途本身。

2012年9月，特斯拉第一代V1超级充电桩发布并启用，最大功率可达90千瓦。2019年3月，特斯拉V3超级充电桩正式发布并启用，最大功率可达250千瓦。V3超级充电桩拥有自诊断程序，通过后台实时在线分析，可提前预知设备软硬件问题，配合维护工程师实时远程安全监测和故障诊断，保证设备安全稳定地服务用户，将其可用率始终保持在99%以上。V3超级充电桩的防护安全等级达到了IP55，具备较强的防尘、防水性能，同时还设计了短路保护、防雷保护、过载保护和漏电保护等功能。如果充电过程中发生短路，设备也会第一时间切断充电电流，保证用户充电安全可靠。

值得一提的是，2019年发布V3超级充电桩时，特斯拉还同步推出了"在途电池预热"功能。受锂电池化学性质影响，低温充电会影响电池性能。"在途电池预热"功能会在车主导航到超级充电站时提前为电池加热，让车辆在抵达时就能获得最大充电功率。

作为最新一代产品的V4超级充电站也于2023年3月在荷兰哈尔德韦克开设，并开始在全球范围内陆续推广。特斯拉官网显示，V4可支持后续更高功率、更多功能的更新。

随着技术的迭代，车主的充电体验越来越好，充电桩也能得到更充分的利用。但与手机行业存在不同的充电头和充电协议类似，电动车也曾各自为战，出现了欧洲电动车联合充电系统、中国电动车充电连接器国家标准GB/T 20234、日本电动车充电协会标准CHAdeMO，以及特斯拉提出的北美充电标准等不同的充电标准。

混乱的标准会大大降低充电桩的资源利用效率。举个例子，如果一个充电桩用了欧洲电动车联合充电系统的插头，那它就无法服务采用其他充电标准的车辆；反之，采用了欧洲电动车联合充电系统的车辆也无法使用其他类型的充电桩。

特斯拉要做的正是在一个产品架构上满足多场景的充电需求，在全球范围内提供差异化的充电解决方案。

2022年11月，特斯拉宣布在北美市场开放自有的电动车充电连接器设计，并将其命名为北美充电标准，其他品牌的电动车也有机会享有特斯拉的充电服务。截至2023年10月，福特、通用、沃尔沃、奔驰、大众、Rivian、宝马等车企已纷纷宣布拥抱特斯拉的北美充电标准。采用北美充电标准后，这些车企可以与特斯拉共享现有的充电基础设施。通用汽车CEO玛丽·博拉表示，采用北美充电标准将为通用汽车省下4亿美元的充电网络建设费用。[1]当年马斯克命名的北美充电标准已经一步步地成为真正的"北美充电标准"。

随着充电网络和充电技术越发完善，电动车的驾驶体验已经不亚于传统燃油车，"零碳出行"和"无忧畅行"也并非不可兼得。在一些没有加油站经营的地区，搭配上Solar Roof和Powerwall家用储能系统的使用，电力反倒是触手可及。

---

1 https://new.qq.com/rain/a/20230610A00V5900

在中国建充电桩

2012年4月22日,第一批特斯拉中国车主从马斯克手中拿到Model S的车钥匙。两个月后,国务院印发《节能与新能源汽车产业发展规划(2012—2020年)》,提出要因地制宜建设慢速充电桩、公共快速充电桩等设施。不过那时的政策只是提出了大致趋势,并未对行业发展细节做更多指示。

早期的电动车因行驶里程短而受到诟病,但当Model S问世时,它配置了一个可以与传统燃油车续航能力相较量的电池。可是在当时,充电远不如加油方便,充电基础设施离普通消费者还非常遥远。首先,老旧小区的配桩率有限,无法满足用户一车一桩的需求。其次,电容有限,未来对公共充电桩的需求一旦增大,势必难以承载。再次,一些第三方充电站缺乏科学规划、分布不合理,导致站点位置与用户使用需求不匹配,并且站点缺乏有效管理,车辆占位情况频繁发生。最后,充电桩功率太低会导致用户充电时间过长、节假日站点拥堵。

特斯拉中国团队通过分析数据,不断优化超级充电站布局和精细化选址。在精准布局的同时,充电站也使用地锁管理,保证特斯拉车主随到随用。车主在抵达超级充电站附近时,通过手机操作即可完成地锁自动降下。

同时,特斯拉还为用户提供家庭充电桩的补能选择,它也是很长一段时间内唯一一家为客户提供充电桩产品+安装服务+售后服务的主机厂。相关调查显示,已有近五成的特斯拉车主选择在自家小区安装特斯拉家庭充电桩,并且这一比例还在持续增长,2023年特斯拉家庭充电桩安装量同比增长118%。这得益于家庭充电场景为电动车车主提供的无感补能体验。

在优化充电体验的同时,让更多用户接受并使用电动车,打造超越燃油车的补能体验成为当时特斯拉的一个战略性目标。特斯拉全场景充电解决方案也由此诞生。什么是全场景充电解决方案？能够在人们日常的生活场景中尽可能多地布局充电桩，满足不同场景下的电动车充电需求：

（1）结束一天的忙碌，回到家中停车入库，翌日清晨即可满电出发——让家庭充电桩成为最方便、最便宜的专属加电站。

（2）不论城市出行还是长途驾驶，均可在特斯拉超级充电站随时充电。

（3）抵达酒店、购物中心等目的地后，泊车插入电源，在充电的同时享受休闲时光——多场景体验无感充电的目的地充电站。

全场景充电解决方案确定后，特斯拉在中国开始了充电基础设施布局。中国第一个特斯拉V2超级充电桩于2014年落地上海金桥，最大功率为120千瓦。此后，在2014—2022年这短短8年间，特斯拉在中国布局的超级充电桩数量已经突破10 000个，这背后是特斯拉对自建充电桩的坚持。

截至2023年年底，特斯拉在全球的50 000多个超级充电桩中，有超过11 000个位于中国。特斯拉在中国有1 800余座超级充电站和700余座目的地充电站，覆盖370多个城市，包括距离珠峰大本营只有100多千米的西藏定日县世界屋脊酒店停车场的超级充电站。

2014年打通京沪商务线，2015年打通哈尔滨到海南的南北贯通线，2020年打通舟山—霍尔果斯的东西丝绸之路……在铺开中国的充电地图后，特斯拉还推出了"充电生活路书"系列，就像特斯拉为车主带来的一份又一份官方自驾游指南。在这些指南里，特斯拉会为车主推荐旅游路线和景点，并提供酒店入住、餐厅用餐等专属福利。关于长途旅行时充电补能的问题，特斯拉早在设计路线之初便帮车主想好了。

当然，对车主而言，除了关心能走多远，也会关心花费多不多。很多车主在享受特斯拉超级充电桩带来的无感补能体验的同时，偶尔会好奇"为什么特斯拉超充的电费要比第三方的电价贵"。

其实对充电桩来说，电价不只是电的费用，还有服务费。简而言之，电价总是与车主享受到的充电服务成正比。特斯拉超级充电桩的所有资产均由特斯拉自己投入建设、运营、维护。相对第三方充电来说，超级充电桩的充电速率更高，车主的充电补能时间更短。同时，特斯拉充电桩的优势不仅在于数量多、充电速度快，所处的地段大多也更好。

《特斯拉2022年影响力报告》提到，2022年全球特斯拉超级充电站平均正常运行时间占比达99.95%，这意味着特斯拉的坏桩率极低，车主不会按图索骥开到充电站却发现没有能用的充电桩。这是车主更愿意去特斯拉超级充电站补能的核心原因，而这背后也存在相比第三方充电更高的运维成本。

2023年4月，为进一步推动"充电网络开放试点计划"落地，特斯拉宣布正式在中国面向部分非特斯拉品牌新能源车辆试点开放充电站，首批试点开放的包含10座超级充电站、120座目的地充电站。2024年3月，特斯拉宣布全场景充电网络再次扩大开放范围，超级充电站累计开放数量扩展至450多座，超过3 200个超级充电桩，目的地充电站开放达350多座，超过1 400个目的地充电桩，持续扩大对不同品牌和车型的服务范围。这意味着会有越来越多的电动车车主享受到特斯拉的充电基础设施及其他服务。

开放充电基础设施背后是特斯拉充电网络的平台化发展

趋势。预计到2030年，中国电动汽车保有量将达8 000万辆。[1]届时，特斯拉在中国的超级充电桩数量预计也将达到60 000个。

特斯拉究竟要建设多少超级充电桩才能满足市场需求？或许这个问题并没有标准答案，在建设超级充电桩这件事上，特斯拉始终追求的是"动态极佳"，想办法让车主走得更远。此外，在技术内核上，特斯拉充电技术和车辆一样都在向着智能化领域发展，超充建设方面则在安全的基础上追求补能效率，发展大功率充电。

事实证明，特斯拉选择的发展路线是具有前瞻性的。2023年，在国务院印发《节能与新能源汽车产业发展规划（2012—2020年）》的11年后，有关部门已将充电站的建设纳入城市新基建，并明确了未来充电布局的发展方向为大功率、智能化、网络平台化，其中大功率充电是未来主要的技术发展方向。为了缓解大部分用户的充电焦虑、提高充电体验，以及满足特定场景的快速充电需求，发展大功率充电已然成为刚需。

为了提高电动车使用率，特斯拉始终追求充电的快速、便捷，让大众不再有里程焦虑。同时，交通电气化离不开高质量的、人人可负担的电动车型。

1　https://www.thepaper.cn/newsDetail_forward_1859875

第 8 章

快速量产：
设计、制造与迭代升级

2023 年 9 月发布的新款 Model 3

特斯拉 Model 3 于 2016 年 3 月在美国发布，并于 2017 年 7 月开启交付。到 2021 年第二季度末，Model 3 迎来了一个重要的里程碑——全球交付量达到约 103 万辆，成为全球首款销量破百万的电动车型。

作为特斯拉面向大众市场的第一款车型，Model 3 的大规模量产是特斯拉完成自我造血、实现健康发展的关键一步。Model 3 是首款价格媲美同级别燃油车的电动车，而且每英里总体拥有成本低至与经济型车型相当。Model 3 一经发布便以其亲民的价格及优越的性能赢得了消费者的青睐。在随后 7 年的时间里，它的成本和售价在下降中偶有波动，但整体已经进入平稳阶段。

2023 年 9 月，焕新升级后的 Model 3 正式在欧洲、中国等市场开启预售。2024 年 1 月，北美也开始销售新款 Model 3。但是 Model 3 从诞生到改款的过程并非一帆风顺，包括马斯克本人在内，特斯拉的工程师团队为此付出了艰苦卓绝的努力，而这当中的故事却鲜为人知。

从"产能地狱"到全球交付

把时间拨回到 2016 年，Model 3 即将投入量产的前夜，特斯拉正在经历"冰火两重天"：一边是消费者高涨的订购热情，另一边却是量产难以推进的极限困境。在开始接受预订的当晚，Model 3 的预订量就超过了 10 万辆。在 2017 年第二季度财报中，特斯拉透露："自上周交付活动以来，我们平均每天会收到 1 800 多份 Model 3 净预订。"

特斯拉因此承受着巨大的生产压力，马斯克必须加快 Model 3 的生产速度才能满足客户的需求。在 2017 年第一季度财报中，特斯拉把生产计划定为：Model 3在2017年实现周产能5 000辆，2018年实现周产能1万辆，以满足预订交付。但是事实上，截至2017年第一季度末，特斯拉整体的周产能仅有2 000辆左右，并且其中大部分是Model S和Model X。

为了完成这个看似不可能的任务，马斯克对Model 3项目的自动化生产架构进行了大刀阔斧的调整：抽调Model 3项目研发团队，组建Model 3全自动生产线项目团队，加速推进项目执行；收购了格罗曼和Perbix两家自动化制造商，帮助打造核心的自动化工厂；与松下展开合作，研制专供Model 3的21700电池。

但是接下来的生产过程依旧困难重重。自动化生产线的稳定性和效率没有达到预期，导致出现生产滞后和生产质量问题。特斯拉不得不调整策略，将部分生产改为手工操作，加快生产速度。然而问题还是没有得到彻底解决，部分零部件供应商的产能限制和制造工艺优化方面面临的种种挑战，导致特斯拉出现交付延误、客户不满和生产目标的完成多次推迟的情况。

2016年Model 3发布之初，特斯拉曾承诺2018年会交付全部新车订单——超10万辆。事实上，2017年下半年，特斯拉总共只生产了2 685辆Model 3。2018年4月，马斯克无奈地公开宣布："Model 3的交付将推迟6~9个月。"依靠全自动化提高产能的尝试宣告失败。

特斯拉财务档案显示，有近20%的Model 3付款客户要求退款，做空者蜂拥而至。2018年，特斯拉成为史上空头最多的股票。这令马斯克感到痛心和愤怒，他决定亲自接管制造工程，他必须兑现2018年上半年把Model 3周产能提升至5 000辆的诺言。

其实早在2017年11月，特斯拉就发现了产能问题的关键堵点，并已经开始全力解决这个问题。马斯克表示："电池模块产量低是我们的主要生产瓶颈。Model 3的生产速度取决于整个供应链和生产流程中最慢的那部分。"在部署了多条半自动化生产线并改进原有产线后,这一堵点已基本被疏通——电池的生产速度从7个小时大幅缩短至70分钟内,制造成本也大大降低。

与此同时,从2018年开始,特斯拉多次临时关闭弗里蒙特工厂Model 3生产线,目的只有一个:改善自动化水平,系统性地解决问题,加快生产进度。特斯拉用了3周时间,在弗里蒙特工厂搭建帐篷,建成一条新的装配线来解决总装问题。马斯克47岁的生日就是在工厂里度过的,为了冲刺进度,他一直都在工作,片刻未停。

在这个"帐篷工厂"里,你看不见常见的机械手臂,到处都是龙门架和吊具,运输车辆的驳运小车就在其中穿行。在吊具的辅助下,工人轻松地移动着各类大小的零部件进行车辆装配。在生产线末端,组装好的车从斜坡上一辆辆"溜"下来。当时"帐篷工厂"承担了20%的Model 3总装工作。为提高产量,特斯拉员工的周工作时长多达100个小时。

起初,业内并不看好特斯拉的这个"帐篷工厂",结果却让他们瞠目结舌——这条部分自动化的装配线的效率水平竟然超过了最初的两条自动化生产线。在"帐篷工厂"7×24个小时不间断运行的助力下,从2018年第二季度开始,Model 3的产量出现较大增幅。2018年6月的最后一周,Model 3的周产能终于突破5 000辆。在2018年6月召开的特斯拉股东大会上,马斯克哽咽地说:"这可能是我经历过的最痛苦的几个月,如同炼狱一般。"Model 3的产能步入正轨让特斯拉的业绩表现开始好转,从2018年第三季度开始,自由现金流和净利润均由负转正。马斯克带领特斯拉成功走出"产能地狱"。

当时,外界并没有意识到Model 3量产规模的提升对于特斯

秘密宏图第一篇章　　65

拉这家公司的意义举足轻重，以为这不过是一家电动车制造商利用非常规手段（帐篷造车）在美国工厂实现一款新车降本增效的故事而已，事后人们才意识到这件事的行业意义。

技术进步带来降本增效

在马斯克2006年公布的秘密宏图当中，他的总体规划一共分为4步：（1）生产顶级跑车；（2）用挣到的钱生产豪华型家用车；（3）再用挣到的钱生产普及型家用车；（4）在做到上述各项的同时还提供零排放发电选项。Model 3对应的正是其中的第三步。Roadster证明了电动车的可行性，Model S和Model X证明了电动车在性能和智能等领域具备优势，而Model 3的诞生则是为了快速量产，让电动车更快普及。

为了打造这样一款面向大众、价格实惠的高品质量产车，特斯拉在设计上删繁就简，以满足大众日常所需为导向。马斯克曾表示："许多Model S和Model X上的精致点缀在Model 3上都被砍掉了，Model 3没有鹰翼门，这种改变在量产爬坡中可以显著降低风险，更快地提高产能。"

想要价格实惠，势必要降低成本。传统的减配降本路径不是特斯拉的行事风格。特斯拉主要依靠技术创新快速提升效率、增加产能，通过规模效应降低每辆车的量产成本。

在生产线上，特斯拉采用先进的组装技术，提高生产线的操作密度，空间利用率及生产效率也大大提升。同时，在工厂中大量采用自动化生产线，真正做到了高效率、低成本。

除了生产线上的优化，特斯拉通过优化零部件，进一步降低生产成本。Model 3率先采用了集中式域融合电子架构，每个控制器负责控制其附近的元器件,而非整车中所有的同类元器件——就像俗话说的"远亲不如近邻",通过使用车身域控制器,充分发挥芯片的作用,把"附近的邻居"管起来,最大化减少车身布线复杂度,降低车辆开发和制造成本,这样线缆总长度可以从3 000米(Model S)降低到1 500米(Model 3)。

此外,通过模块化设计和制造,特斯拉各个车型的模块可以互相替换和组合,从而提高生产效率,降低维修复杂度。

对特斯拉来说,成本的降低来自技术进步带来的效率提升,特斯拉永远不会在质量和用料方面妥协。以车身用料为例,Model 3采用的是钢铝混合车身,高强度钢的比例超过50%。车窗所用的玻璃材料与百万级豪车来自同一供应商,可以有效减少太阳直射造成的炫目和不适感。甚至在最基础的Model 3后轮驱动版上,特斯拉都采用了定制款四活塞卡钳。

电机是一种能量转换效率很高的驱动系统,效率通常在85%以上。一般的新能源车采用的电机分为两大类:永磁同步电机和感应异步电机。简单来说,永磁同步电机平均效率高,功率密度大,电控更简单,成本较高;感应异步电机不消耗稀土,高速性能出色,更耐热,成本较低。特别能体现Model 3"用料足"的一点就是它强大的"电力心脏"——永磁同步电机。特斯拉自主开发的电驱动系统采用了独特的油冷技术,率先使用碳化硅功率器件、结构高度集成设计等创新方案,使得电驱动系统部分工作区域效率高达97%。

由于早期永磁同步电机技术并不成熟,特斯拉在早期车型上使用的都是感应异步电机,直到Model 3才开始转向永磁同步电机,并在后续车型改款中把它推广到全系车型。Model 3系列最早推出的版本是后轮驱动版,其使用的是后永磁同步电机,能够在只有单电机的情况下实现更快的响应,达到更高的效率,通过较低的能耗提升续航里程。而随后推出的 Model 3 Performance（高性能版）则使用"前感应异步电机+后永磁同步电机"组合，能让二者取长补短、相得益彰，兼顾节能能效表现和各种工况下的整车动力性能。

电控单元是电动车三电系统的又一重要组成部分，其用料品质同样对整车性能具有重要影响。在电控单元中，逆变器直接影响电能转换效率，与电动车能否安全可靠运行关系密切。传统的逆变器采用绝缘栅双极型晶体管（IGBT）功率器件，而 Model 3 的主逆变器采用碳化硅功率器件替代 IGBT 后，电能转换效率显著提升，续航里程提升 5%~10%，做到高效的同时体积更小，更加集成化。正是由于驱动系统高度集成化，电机、电控等关键部件实现提质升级，Model 3 驱动系统的效率高达 89%。

持续升级 Model 3

自 2016 年发布以来，Model 3 为全球电动车用户带来了诸多美好的驾乘体验。

2023 年英国 GridServe 公司对全球 213 个国家和地区进行了一项消费者调查，旨在根据真实调研结果分析各电动车品牌/车型的受欢迎程度。[1] 调查结果显示，特斯拉 Model 3 是全球搜索量最高的车型，一年内谷歌搜索次数超 1 998 万次，比第二名多出近 400 万次。此次调查中，在美国 41 个州，Model 3 均以绝对优势占据电动车市场主导地位，受消费者欢迎程度位列第一；在英国，

---

1 https://www.gridserve.com/electric-leasing/blog/the-most-sought-after-evs-around-the-world

Model 3 和 Model Y 包揽了"最受消费者欢迎的电动车"榜单的冠亚军。

在著名汽车杂志 *What Car?* 的"2023年度最佳汽车"榜单上，Model 3 也凭借超强的长途续航能力、舒适优雅的车内环境及更实惠的用车性价比，获评2023年度"最佳行政车型"。此外，Model 3 还在 *What Car?* 的夏季、冬季公测中获评"最高效电动车"，在高温、低温等极端驾驶环境中均展现出稳定的产品性能。

2023年，特斯拉推出了新款 Model 3，这款全方位升级的智能轿车依然彰显出特斯拉的设计与工程研发实力，该车在车辆安全、驾乘体验、座舱交互和美学设计等方面增加了数十处升级配置。

安全是特斯拉车辆研发的重中之重，新款 Model 3 也不例外，它引入了通常应用于更高价位车型的远端安全气囊，进一步降低意外发生时对驾乘人员造成的伤害。

此外，新款 Model 3 配备了全新车门铰链、门锁和锁扣，打造了符合更高标准的坚固侧面结构，有效提升了侧碰安全性。全新调校的悬架系统，以及新一代车身稳定系统，除了能为车辆带来高水平的运动性表现，还能提供更强的驾乘舒适性，也就是在颠簸路段行驶依旧平稳。

在性能方面，通过优化空气动力学表现，新款 Model 3 实现了更长的续航里程——长续航全轮驱动最高行驶里程可达713千米（CLTC[1]）。

值得一提的是，新款 Model 3 搭载了自动辅助驾驶硬件HW4.0，芯片运算能力提升了5倍，让 Autopilot 自动辅助驾驶功能实现提升，主动安全响应更快、更安全。

1　CLTC 是中国轻型汽车行驶工况。——编者注

为什么特斯拉团队要投入巨大的精力推动 Model 3 这一车型的设计、制造与迭代升级？因为它帮助特斯拉加速实现了"秘密宏图"当中"用挣到的钱生产价格实惠的车"这一关键目标，让电动车成为普通消费者负担得起的产品。

把规模扩大到极致

随着消费者对新能源车的接受程度越来越高，除了能源成本问题，电动车的整体拥有成本也成为消费者关注的重点。美国专业车辆评估机构凯利蓝皮书在综合评估购买价格，用车过程中的保险、维护和补能成本，以及五年后车辆转售或以旧换新的价值之后，将特斯拉 Model 3 评选为 2022 年度"五年内拥有成本最低车型"的获奖者之一。凯利蓝皮书指出，2022 年，Model 3 的五年内拥有成本比它所在的细分市场车型的平均水平低 16 411 美元。

作为"秘密宏图第一篇章"里的最后一款车型，马斯克曾表示，Model 3 是特斯拉有史以来最为简洁和优雅的作品，是特斯拉平民化、生产人人都负担得起的电动车的开端。随着降本增效的推进，特斯拉也不断调整产品的价格，让电动车能够触达更多工薪阶层的消费者。以中国市场为例，Model 3 后轮驱动版的价格已经从 2019 年 4 月的 37.7 万元降至 2024 年 5 月的 23.19 万元。伴随价格的下降，新车交付量也水涨船高。根据中国乘联会数据，2023 年，中国制造的 Model 3 交付了超 30 万辆，是国内豪华轿车交付量冠军。

但在马斯克看来，做到这些还远远不够。2022 年 3 月，马斯克就提出要"把规模扩大到极致"。在 2023 年投资者日活动上，马斯克公布的具体目标是：到 2030 年，特斯拉电动车年产量要达到 2 000 万辆。在 2023 年股东大会上，马斯克指出特斯拉的成本已经下降 30%，未来计划通过更紧凑的下一代平台让成本下降幅度达到 50%。怎样在不断提升产品的科技水平和安全性能的基础上实现极致的降本增效，推动电动车大规模普及，加速世界向可持续能源的转变，是特斯拉团队一直以来面临的关键课题和重要挑战。

第9章

坚持做正确的事,哪怕会破产

ElonMusk 👑
22-5-21 17:26

My commitment:

- We will never seek victory in a just case against us, even if we will probably win.

- We will never surrender/settle an unjust case against us, even if we will probably lose.

我承诺：

对我们不利的案件如果是公正的，我们永远不会寻求胜利，即便我们会赢。

对我们不利的案件如果是不公的，我们也永远不会投降或妥协，哪怕我们会输。

马斯克在社交媒体上阐明立场

"坚持做正确的事"是马斯克和很多特斯拉人常说的一句话。

特斯拉创立的20年间，关于电动车的争论和质疑几乎从未停止。一些子虚乌有的谣言甚至成为消费者放弃购买电动车的首要原因。很多人会觉得特斯拉不按常理出牌——不高的公关费用或许就可以降低不实信息造成的损失，但特斯拉从不花钱把"大事化小，小事化了"。如果了解了特斯拉的价值观，人们就能理解特斯拉的选择。

经历了种种误解和风波，特斯拉最终用产品力证明了电动车是未来交通发展中不可或缺的部分。

富人的玩具与恶意降价？

人们早年对于特斯拉的印象总是和明星、富豪相关。之所以会形成这种印象，跟特斯拉的首批车主不无关系。Roadster作为全球首款高性能纯电超跑，在正式交付之前，就和诸多顶级超跑一起亮相。在2008年的漫威大作《钢铁侠》中，Roadster成为由小罗伯特·唐尼饰演的钢铁侠托尼·斯塔克的座驾。2008年10月，特斯拉以10.9万美元的价格交付了第一批Roadster。首批车主就包括谷歌创始人之一拉里·佩奇，谷歌前总裁谢尔盖·布林，eBay创始人、斯科尔基金会第一任总裁杰夫·斯科尔，他们是硅谷科技圈的风云人物，个个身家不菲。伴随着Model S上市，特斯拉的车主圈扩大到了知名导演詹姆斯·卡梅隆、演员莱昂纳多·迪卡普里奥等好莱坞名流。

2013年Model S进入中国市场，售价超过70万元。小米创始人雷军、新浪CEO曹国伟、后来的理想汽车创始人李想及一嗨租车董事长兼CEO章瑞平等成为中国的首批车主。当时人们对电动车的印象是富人们为了"尝鲜"而购买的大号玩具，而非普通人的日常代步工具。

如前文所述，首款车型之所以在受众圈层和售价定位上"高举高打"，其背后的逻辑来自特斯拉的"秘密宏图"。早在2006年，马斯克就制定了优先进入高端市场的战略。选择主攻高端市场而非直接进入大众市场，主要是因为规模效应对车辆制造成本的影响显著，而对初创的特斯拉来说，实现大规模量产不可能一蹴而就，想要达到油电平价甚至让电动车的售价低于燃油车，在技术和生产水平的发展上都需要一个过程。

马斯克做电动车的目标是让每个人都能开上电动车，所以在高端市场获得收益后，马斯克开始将挣到的钱投入新产品的研发和生产线的优化，以亲民的价格销售实惠的车型，再用挣到的钱生产更多、更低价格的电动车型。随着技术的进步，特斯拉得以陆续推出价格更亲民的车型，越来越大的保有量也证明了这一战略的成功。

随着2019年在中国本土生产的车型上市，特斯拉多次调整产品价格。截至2022年年底，Model 3系列和Model Y系列先后调价10余次（基本上以降价为主）。特斯拉调价是公开透明的行为，主动降低价格是为了让更多人体验电动车的驾乘乐趣，但一部分人误解、扭曲了特斯拉的初心，对特斯拉提出了许多无端的指责。

事实上，在电池原材料和芯片紧缺的当口儿，特斯拉也曾宣布涨价。特斯拉的降价并没有所谓的"阴谋"，只是遵循了生产成本与市场供需的客观规律。在特斯拉看来，企业节省下来的成本应该让利给消费者，降价的最终目的是让更多潜在消费者有能力购买品质优良的电动车。这也体现了早在2006年马斯克就提出的战略——让电动车走向大众。

为了实现这一目标，特斯拉坚持做到了以下几点：公开透明的全国统一定价，优质的售后服务和公开透明的服务价格，不捆绑销售车险，没有上牌手续费和贷款手续费，也没有需要讨价还价才能拿到手的"赠品"……特斯拉改变了游戏规则，目的是让消费者把更多注意力放在产品上，而不是买卖行为本身。

随着特斯拉产销规模的进一步扩大，以及电动车市场渗透率的进一步提升，或许会有越来越多的新能源车企采取同样的销售规则，也会有越来越多的消费者理解新能源汽车"随行就市"的浮动定价体系。

"PPT造车"与"血汗工厂"

"PPT造车"常被用来描述那些在新品发布会上，通过PPT演示文稿夸大其词、把新车的功能和特性吹得天花乱坠，实际量产车却不具有对应特性甚至难以量产的企业。

特斯拉也被指责过是"PPT造车"。一方面，不管是早期的Roadster和Model S，还是后来的Model 3和赛博越野旅行车，都遭遇过产能困境，导致车辆的产能爬坡速度和交付周期比原计划推迟。做空者因此一次次给特斯拉扣上"PPT造车"的帽子，认为特斯拉根本没有交付车辆的能力。另一方面，马斯克对行业和产品富有前瞻性的想法在当时看来犹如天方夜谭。

例如，马斯克在2020年的特斯拉"电池日"活动中做出预测，2030年全球电动车行业将生产并销售超过1亿辆电动车，而2019年全球汽车销量也不过9 100万辆。此外，Semi、赛博越野旅行车的设计更是打破了大众对重型商用车、大型越野车的固有印象，这些开创性的想法和行为都曾被攻击为"空头支票"。

在赛博越野旅行车的发布会后，美国知名媒体《连线》发表文章《特斯拉疯狂的赛博越野旅行车要么是个很烂的笑话，要么是个巨大的错误》，认为"特斯拉没能力实际生产它"。

但特斯拉自成立以来数次高效完成了产能爬坡，曾被质疑不可能实现量产的Semi和赛博越野旅行车也分别于2022年12月和2023年11月开启交付。国际能源署在《2023年全球电动汽车展望》中也指出，电动车的市场规模完全有可能突破"2030年生产并销售超过1亿辆"这一目标。

随着特斯拉产能爬坡的成功和创新产品的如期交付，批评者又将目光转移到了特斯拉的工厂。在部分媒体报道中，特斯拉的工厂被指控为工伤率高、工资低于同行业水平的"血汗工厂"。但是，这一指控很难成立。"我们追踪了每个人的受伤情况，我们相信特斯拉的工厂是行业中人均受伤比例最低的。"马斯克在2023年特斯拉股东大会上指出。

此外，社会正义投资者倡导组织称，全球电动车电池所需的大部分钴，在供应链生产企业中存在雇用童工采矿作业的情况。对于这一行业性问题，马斯克在2023年股东大会上表示，不仅特斯拉的钴供应商中没有使用童工等非法行为，而且将通过第三方审计持续监测特斯拉钴的供应情况。特斯拉还主动要求在矿井里安装摄像头，与股东们一起监督相关问题。同时，马斯克提到，虽然特斯拉的电池中钴的占比很小，但特斯拉依然保证原材料开采过程的合规。

"我们是一家坚持做正确的事的企业，我们不想自欺欺人。"马斯克说。

至于工资方面，哪怕在不考虑股权和福利的前提下，特斯拉的制造岗位薪资也达到甚至超过了制造业同类职位的工资水平。

2022年，特斯拉美国工厂制造岗位的平均工资为每小时22.98美元，较2021年增长6.4%。如果包括加班工资和股权，这个数字则上升到每小时27.52美元。在北美各大车企被工会搞得焦头烂额时，马斯克说特斯拉的员工工资比工会主张的更高。

在社交媒体上还时常可以看到很多特斯拉普通工人和参访人员晒出特斯拉上海超级工厂丰盛的工作餐、公租房及年节礼品等福利。据媒体报道，特斯拉上海超级工厂的一线普通工人能享受到的薪资福利包括基本工资、奖金、津贴、加班费，以及免费工作餐、免费班车、免费商业保险、心理健康方面的关爱等多种福利。

"吃饭在公司，住房有公租房，每个人都有股票，工人也有，可以选拿股票还是现金。"受访工人对媒体表示。

对许多普通工人来说，一项更重要的福利是特斯拉出资为每位员工提供的全家医疗保障。据悉，仅2023年一年，特斯拉通过保险形式为一线员工家庭承担的医疗费用已超亿元。在富有竞争力的薪资待遇之外，这些福利待遇更保护每一个普通员工家庭远离因病致贫返贫。

除了工伤率较低、同行业内富有吸引力的薪资福利体系，特斯拉还十分注重员工的培养，并设立了相关专项，每年会招聘来自世界各地的3 000多名大学和社区大学学生参与实习和学徒培训。

以上海超级工厂为例，2021年特斯拉与上海电力大学联手共建了"上电–特斯拉现代产业学院"，并推出了"企业新型学徒制"项目，为企业内部职工提供培训和教育，帮助他们快速掌握所需的技能和知识，工作的同时也实现个人发展。该项目从通用素质、专业基础、能力提升、岗位实操等方面入手设立了20余门课程，同时将企业实际生产、作业标准融入定制化内容，有效提升了员工的专业水平，形成全流程技能人才培养体系。

2023年年初，首届毕业的500多名学员中，约150人通过国家成人高考参与继续教育，20余人由生产操作岗转为技师岗，实现了学历与技术的双丰收。目前第二届中仍有近900名学员正在他们的"升学之旅"中，预计将于2024年8月完成学业。

据了解，特斯拉全球71%的管理人员来自内部晋升。2022年，超过9 000名员工参与了内部调动，其中超过1 100名员工晋升到了管理岗位。

哨兵模式与数据安全

哨兵模式也是特斯拉被攻击的另外一个靶点。哨兵模式，一些品牌也称其为"守卫模式"，是目前智能汽车上常见的智能安全配置。哨兵模式可以在车主不在时全面监控车辆周围的状况，对盗窃者具有震慑作用。美国高速公路损失数据研究所（HDLI）2023年发布的报告称，特斯拉是2020—2022年被追踪的数十个品牌中失窃率最低的品牌之一。

但同时，人们担忧智能车的先进功能会带来泄密风险，特斯拉也因此在个别机场、高速路段或者停车场被禁行禁停，甚至出现过工作人员因个人偏见私设指示牌禁止特斯拉入内的情况。

特斯拉官方微博曾在回应某机场停车场限行时表示，在出厂时，特斯拉的哨兵模式默认处于关闭状态，需要车主手动开启才能使用。在手动启用哨兵模式后，车辆上锁并挂驻车挡时，如果检测到附近可能存在损害或者盗窃车辆等威胁，系统会向车主发出警报，并记录车辆周围的可疑活动，将视频片段保存在本地的USB设备中，为用户提供用车安全保障。

2022年3月1日，上海市通信管理局发布公告称，经过专家组评审，特斯拉（上海）有限公司、上汽大众汽车有限公司等报送的材料完整、目录清晰、内容充实，整体年报质量较好。[1]

此外，为了进一步保障数据安全，特斯拉还在中国建立了数据中心，实现行车数据存储的本地化，所有在中国市场销售的车辆产生的数据都会存储在中国境内。

---

[1] https://mp.weixin.qq.com/s/f7KjfjDCNjxh6twYSkAnEg

2

秘密宏图第二篇章

- 分享闲置车辆产生收益
- 开发比人类驾驶安全10倍的自动驾驶技术
- 扩充电动车产品线满足各细分市场需求
- 创造美观高效的集成储电功能的太阳能板

第10章

不止于车

特斯拉的版图远不止于电动车。

2017年，特斯拉通过公司名称的更换再一次向世人宣告自己的长远目标——"加速世界向可持续能源的转变"。这一年，"Tesla Motors"正式更名为"Tesla Inc."，标志着特斯拉正式成为一家业务多元化的可持续能源公司。

收购SolarCity

更名是从特斯拉2016年收购SolarCity开始的。

SolarCity是一家总部位于加利福尼亚州的太阳能公司，成立于2006年，公司创始人之一、时任CEO林登·赖夫是马斯克的表弟，马斯克本人也曾是SolarCity的董事会成员和主要投资人。

当时，SolarCity的价值主张是打造清洁、自给自足的可持续能源方案，助力人们享有更环保、经济、独立的生活。除了经营太阳能屋顶安装业务，SolarCity也提供其他新能源产品和服务，如储能、能源管理等。

回到2016年，收购SolarCity对特斯拉和马斯克来说并不是简单的决定。作为SolarCity的早期投资人，收购前，马斯克分别持有特斯拉21%的股权和SolarCity 22%的股权，并同时担任特斯拉的CEO及SolarCity的董事长。当时，两家公司尚未实现盈利，外界并不看好这次收购，但马斯克坚信这是一个正确的决定：倘若收购成功，特斯拉将成为全球唯一的垂直一体化能源公司。

在马斯克看来，可持续能源有三大支柱：一是可持续能源的获取，包括获取太阳能、风能等；二是可持续能源的存储；三是可持续能源的应用，如电动交通工具等。SolarCity在清洁能源、储能领域的成熟技术，以及日臻庞大的销售网络，会为特斯拉锦上添花；特斯拉在设计、生产等方面的经验，也有助于清洁能源技术的持续创新。更重要的是，收购前，SolarCity与特斯拉的业务合作一直在互相补强。

2009年，SolarCity建造的太阳能充电线路在旧金山与洛杉矶之间的101高速公路投入使用。充电通道拥有5个充电站，每个充电站可提供240伏、70安培的快速充电服务，能在3个半小时内为特斯拉Roadster充满电。

2016年，SolarCity已经成为美国大型太阳能屋顶安装公司之一。这一年，全球新增光伏装机容量达到73吉瓦，同比增长43%。

谈到SolarCity的发展前景时，马斯克说："这个世界已经不需要再多一个燃油车公司，却需要一个可持续能源公司。"在2016年的电话会上，马斯克也表示了对这次合作的看好："特斯拉正在全力解决蓄电、储能问题，SolarCity恰好能够提供这样的产品，现在（收购）时机正好。"

在收购SolarCity的官方声明中，特斯拉也表示："相较于各自独立的两家公司，强强联手后的公司可以极大地延伸市场触角。两家公司及其客户都拥有共同的理想，对特斯拉电动车和Powerwall家用储能系统有兴趣的客户自然希望使用太阳能，当特斯拉门店的庞大客流量将两者汇聚到一起时，人人皆受益。"

这是一次正确的交易。收购SolarCity，特斯拉完成了发电、储能、电动出行工具领域的业务布局，即太阳能屋顶Solar Roof，家用储能系统Powerwall、超大型电化学商用储能系统Megapack，以及新能源出行终端——特斯拉电动车。可以说，SolarCity帮助特斯拉建立起完整的可持续能源业务，特斯拉以更强的竞争力进入清洁能源市场，并将全球可持续能源转型推向更高层次。

部署太阳能光伏板和储能电池

特斯拉对全球实现"完全可持续能源经济"所需的要素做了说明。按照特斯拉的计算，若想在2050年前推动全球实现100%可持续能源经济，需要部署240太瓦时储能电池、30太瓦[1]可再生电力。

当下，能源业务已在特斯拉的总业务中占有重要地位。2022年财报显示，特斯拉储能装机容量达6.541吉瓦，同比增长64%；共装机了348兆瓦的太阳能设备，这是自2017年以来的最高水平。同年，特斯拉能源板块营收达到39.09亿美元，同比增长40%。

2023年上半年期间，特斯拉成为全球最大的储能系统供应商。到2023年第三季度，储能部署量为4吉瓦时，同比增长90%，创下特斯拉有史以来的最高纪录。"储能正成为我们利润最高、最具远景的业务。"马斯克在第三季度财报电话会上表示。

虽然距离240太瓦时、30太瓦的目标还有数量级上的差距，但快速增长无疑给了整个行业信心。

能够取得如此亮眼的成绩，收购SolarCity的决定功不可没。目前，SolarCity业务已全面融入特斯拉能源部门，为特斯拉光伏、储能、虚拟电厂等多种业务提供了产品与技术支持，业务板块间的良性互补极大地推动了特斯拉可持续能源业务的发展。

2016年，在收购完成后不久，SolarCity便启动了一个新项目：在美属萨摩亚群岛的塔乌岛部署太阳能光伏板和储能电池，为岛上居民生活提供全部电力。在这座小岛上，SolarCity部署了一个能够产生1.4兆瓦的太阳能发电微型智能电网，这个微型电网共

---

[1] 1太瓦=1 000吉瓦=1 000 000兆瓦。

涵盖了5 328块太阳能光伏板，以及60个Powerpack储能电池，能够在3天没有日照的情况下，满足岛上600多户居民的全部电力需求。当太阳出来时，整个电网只需要7个小时就可以再次充满电。

塔乌岛只是特斯拉太阳能发电与储能应用的案例之一。2015年，特斯拉推出家用储能系统Powerwall，不断开拓锂离子家用电池市场。2016年收购SolarCity后，特斯拉顺势推出的新一代Powerwall被更多的用户接受并使用。截至2023年6月，特斯拉已在全球安装超过50万台Powerwall。和塔乌岛上的居民一样，这些用户都可以将清洁能源存储起来，供自己的家庭使用。

从"Tesla Motors"到"Tesla Inc."，特斯拉不再只是一家车企，但也无法用可持续能源企业精准定义特斯拉。可以肯定的是：特斯拉始终从第一性原理出发，是一家思考人类未来并创造变革的科技企业。

第 11 章
家用储能系统

特斯拉家用储能系统 Powerwall

2015年，在美国加利福尼亚州霍桑，马斯克用两款开创性的储能电池产品揭开了特斯拉能源业务的序幕：面向家庭的Powerwall，以及面向商用及公用事业的超大型商用储能系统Megapack。

Powerwall是一款可以储能、检测户侧电网断电情况并在停电时为住宅供电的电池。在马斯克看来，Powerwall的出现补齐了世界向可持续能源转变的过程中"缺失的那块拼图"。

由于太阳能和风能等清洁能源具有间歇性，所以对家庭用户来说，使用Powerwall储能保障全天候的用电非常关键。

随着特斯拉太阳能屋顶的推出，特斯拉形成了一套以家庭为单位的能源生产、存储和使用的完整方案：太阳能产品发电，Powerwall存储富余电力，给家庭供电，并给电动车充电，再使用电动车出行。日常使用中，Powerwall可通过太阳能屋顶产生的电力充电，或者在低谷电价时通过公共电网充电，再在傍晚用电高峰时为家庭供电。值得一提的是，Powerwall能够不依赖公共电网独立运行，因此当电网断电时，Powerwall也可以作为备用电源，为家庭提供电力保障。

Powerwall迄今已经历多次迭代升级：2016年第二代Powerwall 2推出，将存储容量增加了一倍，达到13.5千瓦时，并集成了电池充电器；2021年，最新一代产品Powerwall+推出，又集成了太阳能逆变器。

美国是全球最大的家用储能市场之一，根据中信建投证券的研究数据，2020年，Powerwall的全美市场占有率高达73%。[1] Powerwall的产能和全球装机容量还在不断提升。自2021年11月装机量达到25万台之后，2023年6月，Powerwall全球装机量已

1　https://www.lingpa.net/post/8698.html

达到50万台。实现首个25万台，特斯拉用了6年，而实现第二个25万台只用了不到2年。

不再担心停电

通过推出Powerwall，特斯拉正在帮助全球万千家庭解决用电难题。最常见的场景是日常生活中令人猝不及防的突发停电。在这一紧急状况下，Powerwall充当的正是"救火队长"的角色，正如马斯克所说："Powerwall能让你安心，即使电网停电，你的家里也总会有电。"

在社交媒体上，每天都有用户分享这样的故事。用户@Mahkus表示，在女儿生日这个对家人而言非常重要的日子，直到特斯拉应用程序发来通知，他才知道家里早就停电了。当时，距离女儿的生日派对还有3个小时，一切如常，以至于无人察觉，而这实际是Powerwall利用存储的电能在为他们紧急供电。@Mahkus大赞："特斯拉挽救了这一天！"

除了应对日常的突发停电，在不可预测的极端情况下，比如在暴雪、飓风、洪水等自然灾害面前，Powerwall加太阳能屋顶/光伏板的完美组合，更是让家庭用户具备一定程度上能源自给自足的能力，从而证明了这套产品及其配套服务的价值。

2023年1—2月，一场冬季风暴袭击了美国南部。随之而来的暴雪天气让得克萨斯州成为受灾最严重的地区，部分区域冰层厚度近2厘米，电线严重结冰，数十万家庭断电。幸运的是，3 700户家庭因为安装了Powerwall而避免断电。来自得克萨斯州的用户@John Edward Garcia说："尽管被冰雪覆盖，天空乌云密布、阴雨连绵，特斯拉太阳能屋顶和Powerwall仍然能让我们在家取暖，并满足我们的能源需求。"从 @John Edward Garcia 分享的照片中可以看到，尽管到处都是冰挂，但特斯拉太阳能屋顶和 Powerwall 依然能够正常运行，保障了整个家庭用电不间断。

在飓风中，Powerwall 也展现了自身强大的产品力。2022 年 9 月，美国有史以来最严重的飓风之一"伊恩"登陆，带来了强风和暴雨。尤其在佛罗里达州，多地受灾严重，房屋受损，道路被淹，超百万人的生活因断电而受到影响。佛罗里达州的用户 @Jeremy Judkins 分享了这段经历："多亏了特斯拉太阳能屋顶和 Powerwall，五级飓风过后，在电网瘫痪的情况下，还能为我的整套房屋供电 200 个小时，甚至还能为我的 Model X 充电，保证了我的安全撤离。"

帮用户赚钱

特斯拉 Powerwall 不仅让用户不用再担心家里停电，还可以节省电费，甚至在部分地区还能给用户带来可观的经济收益。

作为一款家用电池，Powerwall 智能、小巧，设计简约，具备价格和安装优势，以及领先的产品力。在实际使用过程中，由 Powerwall 和太阳能屋顶组成的能源系统同样给用户提供了非常经济、实惠的能源选择。马斯克曾说："如果你能获取足够的太阳能，你可以在高纬度地区一年当中的大部分时间，以及低纬度地区的全年时间里脱离电网。"

住在亚利桑那州菲尼克斯的 @Chris Heninger 通过分享自己的账单证实了这一点：@Chris Heninger 在家里安装了一个 17 千瓦的太阳能屋顶和两个 Powerwall+，2022 年夏季的用电高峰时段，以及2022年10月到2023年5月，他几乎完全脱离了电网。

对太阳能的吸收、存储和使用有效减少了家庭的电费支出。安装了Powerwall和太阳能屋顶的@Daniel Sgeiger感叹道："太神奇了，电费几乎为零！"即便没有安装太阳能屋顶的家庭，在安装Powerwall之后，也能通过在夜晚低电价时充电、白天用电高峰时放电的峰谷价差明显减少电费支出。

在澳大利亚南部，特斯拉自2018年起就面向低收入家庭推出免费安装Powerwall和太阳能屋顶的项目，但由于有些房屋不适合安装太阳能屋顶，一部分家庭只安装了Powerwall。住在芒诺帕拉的温迪·布朗就属于这种情况，她表示，尽管如此，家里的电费支出也已经减半。

Powerwall节省下来的电费可以抵销之前购买设备的花费，最终收回成本。特斯拉曾估算，在马萨诸塞州，依据当时的电网电价水平、太阳能屋顶及Powerwall的价格，一套普通的太阳能发电和储能系统在大约12年内就可以通过节省电费支出来抵销相关成本。

节省电费只是其中的部分收益，Powerwall用户还能通过参加绿电交易获得经济收益。在美国的部分州，用户可以出售多余的电力，获取额外收益。正因如此，夏威夷州的一位用户一口气安装了1个50千瓦的太阳能屋顶和6个Powerwall。之后的5年时间，该用户预计每个月可以获得大概350美元的收入。

此外，通过Powerwall或者它与太阳能屋顶的组合，用户还可以减少个人碳足迹，为全球碳减排做贡献。2023年，全球特斯拉电动车、储能产品和太阳能设备帮助用户减少了2 000万吨二氧化碳当量排放，相当于510亿英里以上的燃油车驾驶里程的碳排放。

充电网络的未来：光储充一体化充电站

近年来，在国际形势、海外高电价、政策补贴等多重因素影响下，家用储能市场迎来爆发期。伊维智库的研究数据显示，2022年全球家用储能新增装机容量达到15.6吉瓦，同比大幅增长136.4%。截至2023年，家用储能市场主要集中在欧洲、美国、澳大利亚等电力电网等基础设施较为分散和需要更新的国家和地区。

家用储能被视为未来前景广阔的千亿级市场。《2023中国户储产业发展白皮书》预测，到2025年，全球户用储能装机有望达50吉瓦/122.2吉瓦时，户用储能行业规模约为1 955亿元。在这一蓝海市场，作为家用储能领域的代表性企业之一，特斯拉对Powerwall的持续创新实践，正在给全球的能源转型探索提供更多可借鉴的先进实践经验。

特斯拉的光储充一体化充电站正是典型代表。光储充一体化是由光伏发电、储能、充电三者集成一体、互相协调支撑的绿色充电模式。

通过能量存储和优化配置，特斯拉光储充一体化充电站实现了本地能源生产与用能的基本平衡：充电站通过太阳能屋顶系统发电后，将太阳能转化为电能，再将电能储存在Powerwall中，最终使用储存的电能给车辆充电。太阳能屋顶、家用储能系统Powerwall和充电设施形成一个微网，共同完成对太阳能这一清洁能源的可持续利用。

在中国，2021年6—7月，特斯拉先后在拉萨、上海建成光储充一体化充电站。

特斯拉光储充一体化充电站的布局让Powerwall的应用场景不再局限于家庭，也让电动车的补能更加绿色清洁，向推动真正实现绿色出行和人类实现可持续能源利用迈出了一大步。

特斯拉对虚拟电厂的大胆布局同样走在了行业前列。虚拟电厂没有实体电厂的形式，而是一套能源管理系统，作为一个特殊电厂参与电网运行和电力市场交易。基于特斯拉Powerwall和太阳能屋顶的用户网络，特斯拉正在美国、澳大利亚、日本等多个国家建立庞大的虚拟电厂，拥有Powerwall的用户可以选择加入虚拟电厂，并允许Powerwall向公共电网出售电力。

譬如在美国得克萨斯州，用户可以参与电力零售计划Tesla Electric，向当地的能源供应商出售Powerwall中未使用的电量来赚取电费。参与该计划后，Powerwall会自动决定在最佳时机充电并向电网出售电力。加州的用户可以通过虚拟电厂参与加州"紧急减载计划"，Powerwall会在用电高峰期被调度，每向电网输送1千瓦时的电量可获得2美元的收益。

这是一个各参与主体都能获取回报的模式。对用户来说，可以减少电费支出，同时获得额外的收入；对公共电网来说，通过虚拟电厂统一运营，起到了削峰填谷的作用，有利于促进电网供需平衡、保障电力系统安全运行。

2023年9月13日，特斯拉宣布推出家用储能系统Powerwall 3。相较Powerwall 2，新装置是一个完全集成的太阳能发电和储能系统，内置太阳能逆变器，可以进一步提高效率。2024年2月，Powerwall 3在美国上市，一台Powerwall 3的持续输出功率为11.5千瓦，可满足绝大多数家庭的用电需求。其风暴预警模式能够追踪15种恶劣天气警告并自动启动充电，确保家庭电力供应。截至2024年2月底，特斯拉已在全球销售超60万台Powerwall。

持续深入的储能布局已成为特斯拉的另一条增长线，而在家用储能之外，特斯拉也在不断深入探索商用储能领域。

第 12 章

公共及商用储能领域

超大型商用储能系统 Megapack

2022年9月28日，一组最新的特斯拉超大型商用储能系统Megapack与最后一批用于发电的燃煤同时抵达了美国夏威夷州。

当月，夏威夷电力和美国爱依斯电力公司之间为期30年的煤炭供应协议到期，夏威夷州拆除了位于瓦胡岛坎贝尔工业园的最后一座燃煤发电厂。

在特斯拉的协助下，总部位于旧金山的储能开发商Plus Power LLC建造了包含158个Megapack机组的电池储能系统作为新的能源解决方案，以满足瓦胡岛近百万居民的电力需求。这个以Megapack作为可持续能源存储解决方案的项目被命名为卡波莱储能，由一个156兆瓦的太阳能发电场供能，储能容量为565兆瓦时。该项目也是截至2023年世界上最大的电池储能系统之一。

2020年，夏威夷州立法机构颁布相关法律，从2023年开始禁止使用煤炭生产能源。该州计划于2045年前全面过渡为100%使用可再生能源，是全美第一个设置此目标的州。美国能源信息署披露的数据显示，2021年夏威夷州约有2/3的电力来自石油，这使得其成为最仰赖石油的州。

工商业的大型智能能源管家

如果说前文提到的Powerwall好比家庭能源管家，可以为家庭提供稳定可靠的能源支持，那么Megapack便是工商业乃至城市的智能能源管家，以更大规模的能源存储推进绿电普及，为企业、社区等提供更可靠的用电支持。

2024年，每个最新的Megapack机组最高输出功率可达1.9兆瓦，最多可存储约3.9兆瓦时的电量，能源转化率最高可达93.7%，体积为8.800米×1.650米×2.785米，重量相当于一架波音

737-700的空载重量。每个机组的储能能力约等于200台在售的Powerwall的总和，足以满足3 600户普通家庭1个小时的用电需求，或者给65辆Model Y充满电。

先进的技术让Megapack做到了高度集成，电池模组、双向逆变器、温控管理系统、交流断路器及强大的设备监控电脑Megaputer等都被嵌套进白色外壳内，发货时就已组装完毕。机组被运送到目的地后，几个小时就可以完成安装，投入工作。

特斯拉得州超级工厂甚至直接通过Megapack自有的机械结构和缆线，把它安装在地面上，不需要混凝土地基，整个部署过程更高效，也更节约成本。

此外，Megapack的温控管理系统还可以自动调节电池和电力设备，让其在-30~50摄氏度的环境中都可以正常运行。

同时，Megapack的外壳顶部有泄爆通道，用于防止热失控爆炸，还有包括高压链接隔离、高压回路开门跳闸等在内的多重安全设计，符合严格的防火规范和认证。

显然，Megapack不仅是简单的锂电池组，特斯拉将自身积累的电池、电控、人工智能等技术打包植入其中，使它和特斯拉的电动车一样具有智能、安全、高效等优势。同时，Megapack的系统维护成本较低，并享有长达20年的质保服务。

2023年10月17日，英国储能公司Harmony Energy在官网宣布其部署的目前欧洲最大的储能系统Pillswood项目已正式接入当地电网。这一储能系统同样使用特斯拉Megapack，拥有98兆瓦的功率和196兆瓦时的装机容量，可以为当地数十万户家庭提供约两个小时的所需电量。

该储能系统靠近英国国家电网的克雷克贝克变电站，该变电站是全球最大的海上风电场多格浅滩的接入点。Harmony Energy表示，该储能系统使英国国家电网能够减少风电场因供需失衡或网络限制而需要弃风的时间，从而极大地提高风电场的效率，帮助英国度过冬季。

"Autobidder平台帮助我们创造了良好的业绩。"Harmony Energy在新闻中对特斯拉为Megapack提供的实时交易和控制平台Autobidder不吝赞美。Autobidder可以在特斯拉储能设施建立的虚拟电厂中，实现精准预测、快速调度、智慧响应及智能报价，从而以最合适的价格销售虚拟电厂中的多余电力。通过对硬件与软件的无缝集成，Autobidder可以在储能项目通电后立即获得收入，并在动态的商业环境中保障全天候的收入。

除了Autobidder，Megapack还有一系列特斯拉能源软件生态系统的支持，包括可预测和优化能源使用情况的Opticaster、监控和管理分布式能源的Powerhub、维护电网稳定性的Microgrid Controller等。同时，和特斯拉的所有车辆一样，Megapack还可通过OTA空中升级技术持续优化功能，并且特斯拉的7×24小时在线诊断团队支持Megapack的远程诊断及监控，以确保系统时刻处于安全稳定的状态。

极高的空间利用效率、简便的安装部署、宽松的气候要求和智能的电力调度系统，让Megapack几乎在全球的任何地方都可以使用。

提高可再生能源电网的可靠性

Megapack的诞生让特斯拉在家用储能、公共及商用储能领域形成了全面覆盖，也进一步提高了可再生能源电网的可靠性。

作为大型储能设备，Megapack对提高清洁能源的使用效率至关重要。可持续能源发电最大的缺陷是具有波动性和间断性，通过使用大型储能设备，人们可以更好地应对这一缺陷：在能源丰沛时，将多余的电力储存起来，以备不时之需；在能源不足时，释放存储的电力，提升电力系统稳定性，保障工业生产和社区用电。

在美国佛罗里达州，位于西棕榈滩的米厂也选择用太阳能光伏板和特斯拉 Megapack 构成电池储能系统供电，并将太阳能板架高到农田的排水区上方，让农田和太阳能系统共存，实现了对土地的双重利用。

"我们这里经常停电，尤其是在飓风季节。基于特斯拉 Megapack 的储能系统可支持米厂内通风系统的正常工作，从而防止粮仓里的大米发霉。"农产品生产商 Florida Crystals 负责可持续发展的高级总监安德鲁·绍贝尔介绍说，作为佛罗里达州唯一的米厂，该厂生产的大米供应了佛罗里达州的大部分市场，每年养活 450 多万人。

据介绍，该厂的储能系统由 895 块太阳能板组成，额定功率为 360 千瓦。该储能系统在白天通过太阳能板发电，为米厂的运作提供动力，同时用 Megapack 储存多余的电力，用于满足米厂夜间的电力需求，以及作为飓风来临时的电力储备。

类似这样通过 Megapack 预防自然灾害导致的大规模断电、助力清洁能源应用的例子还有很多。在美国得克萨斯州安格尔顿，包含 81 个 Megapack 机组的 Gambit 储能项目可以帮助当地电网存储可再生能源电力，当恶劣天气来袭时，可帮助电网实现更完善的断电保护。在阿拉斯加州索尔多特纳，荷马电力协会采购了 37 个 Megapack 机组，有效提升了当地村镇可再生能源电力存储量，进而减少对燃气轮机的依赖，以应对断电情况的发生。

在实际应用中除了助力清洁用电、预防断电，Megapack 在节省支出、备用、应急方面的优势也十分显著。近畿日本铁道把

Megapack作为公司在大阪的铁路应急备用电源，倘若公用电网断电，它可让所有近铁列车到达最近的车站。美国内华达山脉酒厂则利用Megapack与清洁能源发电设备自行存储电能，从而节省了数十万美元。

截至2023年，Megapack在全球的总装机容量已超过5吉瓦时，被北美、亚太、欧洲等多地用于促进可再生能源为当地提供电力的保障和补充。

可持续能源生态链

Megapack具有较强的可扩展性，可以与特斯拉的其他能源产品（如Solar Roof、Powerwall等）集成，轻松构建起一整套特斯拉可持续能源生态链，因而成为众多组织机构的首选。目前，特斯拉储能产品遍布全球，在超过65个国家和地区都能找到Megapack、Solar Roof、Powerwall等特斯拉能源产品的身影，并且这一数字还在迅速攀升。

迅速攀升的数字背后是储能市场广阔的前景。截至2022年年底，全球新型储能累计装机规模达45.7吉瓦，年增长率80%；中国新型储能市场继续高速发展，累计装机规模首次突破10吉瓦，达到13.1吉瓦/27.1吉瓦时，功率规模年增长率达128%，能量规模年增长率达141%。[1]

但这一增长速度还远远不够，以欧洲为例，欧盟委员会认为储能是实现欧洲可再生能源整合和建立安全、低排放且负担得起的能源系统的关键组成部分。欧洲储能联盟为此制定了2030年

---

[1] http://pykj.puyang.gov.cn/pc/fwzx.asp?a=newsview&id=38596

部署187吉瓦、2050年部署600吉瓦储能的战略目标，指导加速储能系统的部署，加快推进摆脱外部能源依赖，以及构建本地化的、可持续的、安全的绿色能源系统的进程。

"我们正在提升Megapack的产能，它的增幅将比我们的电动车产能增幅大得多。"马斯克在2022年财报电话会上表示。

目前，位于美国加利福尼亚州拉斯罗普的特斯拉储能超级工厂肩负着最新一代Megapack的生产工作。该工厂每年可生产1万台Megapack，相当于40吉瓦时的清洁能源存储量，而特斯拉的目标是在2030年实现装机容量累计1 000吉瓦时。

马斯克认为："从长远来看，特斯拉能源业务的规模将与电动车大致相当。"

2023年4月9日，特斯拉上海储能超级工厂项目签约仪式在上海正式举行，这是特斯拉全球第二个专门生产Megapack的超级工厂。2023年12月22日，特斯拉公司在上海与临港新片区管委会举行了土地出让签约仪式，宣布了这一里程碑项目正式开启。工厂于2024年第二季度开工，计划于2025年第一季度投产。初期规划年产商用储能电池1万台，储能规模近40吉瓦时。未来，这里生产的Megapack也将和上海超级工厂生产的电动车一样供给全球市场，构建起特斯拉的可持续能源生态链，助力全球向使用可持续能源的转型。

第13章

降低电池成本

特斯拉 4680 电池

2013年，马斯克提出了一个大胆的想法：在美国建造一个巨大的电池工厂，其产量比世界上其他电池工厂的总和还要大。

在制造"人人可负担的电动车"这一目标的驱动下，降低电池成本成为特斯拉发展的必经之路。马斯克接受媒体采访时指出，当时电池市场价高达每千瓦时600美元，但如果分解到原材料层面，每千瓦时电池的成本价仅为80美元。因此，马斯克最终决定与电池供应商建立合作关系，共同建造一个工厂，由供应商生产电池，然后由特斯拉将其组装成电池包。这座工厂就是后来的内华达超级工厂。

2016年7月，内华达超级工厂正式投产。

车用电池家族与全自研技术

目前特斯拉的车用电池家族涵盖多个电池种类及不同化学体系，其中作为顶梁柱的圆柱形电池系列由18650、21700和4680（也称为46800）三款电池组成，18650更是堪称特斯拉电池家族的元老。

18650电池是日本索尼公司定下的一种标准型的锂离子电池型号，其中18表示直径为18毫米，65表示长度为65毫米，0表示为圆柱形电池。18650电池具有成本低、容量大、寿命长、安全稳定等特点，同时具有体积小、重量轻等优势。18650电池在成本和规模化生产方面颇具优势，今天仍然是世界上最为成熟的电池产品之一。

Roadster的电池包重量超过450千克，由7 000多颗18650电池（为区别于整个电池包，有时也称"电芯"）组成。这些电池通过串联和并联组合后，最终为Roadster提供高达85千瓦时的电池容量和300英里的续航里程。

这个包含7 000多颗电池的电池包，优势在于热量更加分散，每颗电池的发热量不会过大，但劣势也非常明显：实现如此多电池的生产、管理乃至进一步提高车辆的能量密度，难度之大可想而知。这也就引出了特斯拉引以为傲的电池管理系统，它让Roadster最终成功问世。18650电池组成的电池包也被应用于Model S和Model X。

2016年，继18650电池之后，特斯拉决定在尚未开启交付的Model 3车型上使用直径21毫米、高度70毫米的21700电池，并在内华达超级工厂投产21700电池。相比18650电池，21700电池的显著变化是体积更大、容量更大、对电控系统要求更低。

"总的来说，这是为了成本优化。"时任特斯拉首席技术官的JB.施特劳贝尔2016年7月在内华达超级工厂对媒体表示。

以当时的成本和技术规格来看，相比18650电池，21700电池单体容量提升约35%，相同容量所需的电池单体数量可减少约1/3，电池包重量约减轻10%；电池能量密度提升20%，从250瓦时/千克提升到300瓦时/千克；电池包成本从每瓦时185美元降至每瓦时170美元，下降了8.1%。

此外，电池包内单体电池数量更少，复杂程度更低，直接提升了车辆的生产制造效率，进一步摊薄了电动车的生产成本。对21700电池的使用，帮助特斯拉在制造流程、能量密度乃至电池安全上构建起了实力，也使搭载21700电池的Model 3得以成为全球第一款与同级燃油车售价相当的纯电动车。

但是特斯拉并未止步于此，在2020年"电池日"，特斯拉发布了比21700电池体积更大的新款4680电池，其直径46毫米、高度80毫米。更大的体积使得4680电池能量达到21700电池的5倍，能量密度提升了10%，充放电功率提升了6倍，续航里程提升了16%。

对行业来讲，4680电池是特斯拉全自研技术的又一次突破。一颗传统的电池，由池盖、池罐、负极与正极构成，打开池盖后，还能看见极耳及绕制的电极。

因为自身结构的原因，圆柱形电池体积往往不能太大，4680电池却堪称圆柱形电池中的"巨人"，创造性地使用了无极耳设计，缩短了电子的运动路径，极大程度地降低了内阻，从而减少了工作时产生的热量。

"无极耳电池是个美好的产品。"马斯克对这一创新不吝赞美。

此外，4680电池在生产环节中，除了无极耳的应用大幅减少了生产流程，还有另一项重要创新——干电极工艺，这让特斯拉进一步实现降本增效。

4680电池采用的干电极工艺直接将活性材料涂在箔上形成薄膜，跳过了浆料制备、回收及干燥等步骤，直接缩短了流程、降低了成本。

华创证券曾在《干法电极行业深度研究报告：干法电极初露锋芒》中指出，在湿电极工艺中，涂布干燥及溶剂回收环节分别占生产及能源成本的22.76%和53.99%；同时，并不环保的溶剂也存在污染环境的风险。而干电极工艺让电池制造成本降低了18%，并可以提升约20%的电池能量密度。

特斯拉在2020年"电池日"披露的数据显示，当干电极工艺大规模应用时，可以让特斯拉相关厂区面积减少90%、能量消耗减少90%，投入成本大幅下降。

与此同时，特斯拉也将电池底盘一体化技术创新应用到旗下的电动车产品中。通过将电池直接集成到车辆底盘上，减少电池包中模组层级的结构组件。该技术使电池包结构体积减小10%，能够搭载更多高能量密度的4680电池，进一步优化电池布局，提高空间利用率。再配合车身一体化压铸技术，总计可节省370多个零件，使整车重量下降10%。该策略大幅度提高了整车装配效率，降低了制造成本，也使得整车续航里程进一步增加。

此外，除了三元锂的圆柱形电池系列，2020年，特斯拉还推出了首款磷酸铁锂方形电池，由特斯拉与中国本土供应商合作研发完成，截至2023年年底已在全球市场中的数百万辆特斯拉车型上搭载。相较三元锂电池，磷酸铁锂电池不含镍、钴等稀有金属，进一步降低了原材料成本和生产成本，并且展现了良好的循环寿命和安全性。该产品的推出是特斯拉从第一性原理出发的又一体现：从原材料级别分析成本，使用低成本、高性能材料进行产品开发，从而降低整车成本，使得消费者能以更优惠的价格购买安全可靠的电动车。

电池里的黑科技

前文提到，能让超7 000块18650电池组成的电池包成功运转，离不开特斯拉电池管理系统（BMS）。对特斯拉锂电池的串联电池包而言，所有电池的规格参数相同，每节电池都在持续不断地充电和放电，电池包充放电的总电压虽然是固定的，但是由于电池本身的细微差别，以及所处位置和周围电阻的存在，每节电池的电压各不相同，BMS解决的一个主要问题就是让电池包中所有电池都维持相同的电压，防止"过充"和"过放"导致电池损坏或寿命缩短。

BMS是特斯拉的自研技术之一，它相当于动力电池系统的"大脑"，统筹和监测全局，多方位感知热场分布及充放电过程的电流状态，时刻维持着整组电池运行的可靠性和高效性。

此外，配合BMS的实时监控，特斯拉还可以通过OTA空中升级技术持续改善电池的部分性能，竭力延长电池包的使用寿命。相比2012年推出的首款Model S，2022年起在售的Model S续航里程已增加50%。在耐用性方面，特斯拉电池也更加"抗打"，Model S/X在行驶32.2万千米后，电池依然保持88%的容量。

同时，当年为了解决Roadster的电池包散热问题，特斯拉还研发了独一无二的侧边冷却技术，并应用在了全系车型上。侧边冷却技术就是让弧形水冷板通过两排电池之间的狭小缝隙，紧贴圆柱形电池侧边进行冷却。相较"上下冷却"方式，侧边冷却大幅增加了冷却液与单体电池的接触面积，将冷却效果提升了50%，保证电池温度稳定在20~45摄氏度的健康区间。

特斯拉还通过车身结构、电池系统设计等形式保证电池安全。相关数据显示，与传统动力车型相比，纯电动车的起火率要低得多。IEEE（美国电气电子工程师学会）旗下学术刊物《科技纵览》（*IEEE Spectrum*）2023年发布的一篇援引美国国家运输安全委员会和美国运输统计局数据的文章表明，在美国，每售出10万辆燃油车，发生1 530起火灾；每售出10万辆电动车，仅发生25起火灾。[1]

在结构设计方面，以Model 3为例，一方面，电池包内两根纵梁替代了传统传力纵梁，保证碰撞力的有效传递与电池安全。在车身中部主要的变形吸能区，门槛更是采用内贯通的加强梁，在发生侧碰或者柱碰时，能更好地保护车内人员和电池不受挤压，极大地降低碰撞风险。另一方面，左右贯通的辊压横梁进一步提升了车身结构的强度，可有效避免碰撞、挤压对电池的损害。

---

1 https://spectrum.ieee.org/lithium-ion-battery-fires

与此同时，特斯拉电池包采用密封防水设计，并设有泄压阀及排水和报警系统，不仅可以保障电池在泡水环境中的安全，当车辆经历碰撞或在其他极端工况下，泄压阀还能够迅速释放热量，及时控制热扩散的风险。

电池也要"人人可负担"

在"人人可负担的电动车"这一愿景的驱动下，特斯拉致力于通过创新持续降低电池成本的脚步从未停止。

"特斯拉电池生产线的灵感是从造纸厂和装瓶厂获得的，上述行业经过一个多世纪的创新，已形成流水化的生产模式，成本大幅降低。锂电池行业也可以实现类似的规模化与简单化。"在2020年"电池日"，特斯拉首次阐释了其简化电池生产线的设想。

例如，为了保证在首次充电时即能激活电池活性，传统电池工厂往往在化成配置上投入大量精力，不仅铺建大面积的厂房，而且从电池投资成本中拨出1/4的款项用于这一领域。

相比而言，特斯拉可以一次为数千节电池充电，并提升化成设备的密度和能力，让特斯拉在这一领域的投资占比显著少于行业均值，并且使厂区占地面积更小。以特斯拉内华达工厂的电池厂区为例，特斯拉用比行业内生产150吉瓦时甚至更小的空间生产出了1太瓦时的电池。

在电池阴极阳极等核心材料上，奉行降本增效的特斯拉同样进行了创新。可以把阴极想象成一个"书房"，"书架"的承载能力决定了摆放的"书"的数量，"书架"也就影响到"书房"藏书的多少。作为类比，镍、钴、锰、铝等金属元素就是"书架"，锂是一本本书。因此，阴极需要的是一种不会碎裂或变黏的金属结构，尽可能提升高能量密度金属的含量，这样"书架"才能承载更多的"书"。

为了让阴极具有高能量密度等优势，业内往往采用镍和钴的材料组合。采用钴是因为它可以构成一个非常坚固的"书架"，但成本较高；镍则在电池中兼具低成本、高密度等特性。因此，特斯拉在4680电池的阴极中，利用新型涂层和掺杂剂，以高镍去钴的形式，让每千瓦时阴极成本进一步降低15%左右。

特斯拉通过优化阳极的电极和涂层设计，用冶金硅代替石墨，将阳极成本降低到每千瓦时1.2美元，相较采用石墨，成本降低了88%，并增加了20%的续航里程。

除了在电池核心材料上的突破性创新，整合上下游产业链也是至关重要的降本方法。

"锂价已经上涨到堪称疯狂的水平，锂资源本身并不短缺，但提炼锂矿的产能跟不上。"2022年4月，马斯克就指出，锂等原材料的产能将会阻碍电动车的普及。在锂价格飞涨的情况下，特斯拉决定深入锂开采与精炼业务。

2023年5月，特斯拉为位于美国得克萨斯州科珀斯克里斯蒂的锂精炼厂举行了奠基仪式。按照马斯克的规划，到2025年，该厂生产的车用电池级锂将可满足100万辆电动车的使用，产量大于同期北美其余锂精炼厂的总和。

同时，特斯拉还非常重视对原材料进行回收再利用。《特斯拉2022年影响力报告》的内容显示，特斯拉生产流程中的和回收的车用电池无一进入垃圾填埋场。此外，特斯拉还推动减少镍等贵重金属原材料的使用，以达到降低制造成本的目标。

技术进步带来的不仅是成本下降，特斯拉在电池制造及管理方面的新技术、新理念，也给行业提升能源利用率和生产效率提供了新思路。比如，特斯拉采用的动力电池集成技术（cell to chassis，CTC），将电池、底盘和车身进行集成设计，能够大幅降低车重，增加电池续航里程，减少零部件数量并提升生产效率。目前国内动力电池制造商也在学习并加快CTC的研发，可以预见，在行业共同努力下，电动车电池效率还将持续提升。

第14章

关键突破：生产流程和技术创新

Model Y 车身部件悬吊展示

2023年，Model Y以超过120万辆的销量，成为这一年全球所有品类车辆中最畅销的单一车型。这是一个历史性的时刻：一款电动车首次超越了所有燃油车，获得全球畅销车型总冠军。

在特斯拉的"秘密宏图"中，马斯克清晰地指明了特斯拉的电动车发展路径：用价格昂贵的车型所赚到的钱生产价格更实惠的车，进而扩充电动车产品线，满足各细分市场需求，最终实现"全面转向电动车"的目标。Model Y承载了特斯拉的重要使命：以高品质、高性价比的产品走向大众市场、推动电动车全面普及。

Model Y的畅销源于特斯拉的制造能力。正如百年前福特T型车实现了汽车业的大规模生产，今天的特斯拉在电动车生产流程、关键技术方面的重大突破，正在为汽车业带来新的启示。

从"操控者座驾"到"全能选手"

在2019年3月的Model Y发布会上，马斯克逐一介绍了台上每一个代表了特斯拉过往辉煌战绩的车型，它们是Roadster、Model S、Model X和Model 3。

"而我们还缺一辆车。"面对台下激动的观众，马斯克也难掩兴奋之情，"这辆车的名字里有一个Y。"

自问世之日起，Model Y便不断迈上新台阶。2020年第一季度，Model Y在美国犹他州开启交付。这一年，特斯拉在全球范围内生产了50.97万辆电动车，其中Model 3和Model Y总计45.49万辆。

2021年上海超级工厂开启了中国制造Model Y的生产与交付。同年，Model Y在全球售出41万辆。2022年，Model Y的全球销量猛增至75万辆，与Model 3携手进入全球汽车销量榜前十，全球刮起了一场"Y旋风"。

然而,就在2019年第一季度特斯拉刚刚发布Model Y时,不少分析人士其实并不看好这款车型。其后几年,Model Y快速扩大的用户基数证明了终端市场才是产品一决胜负之地,消费者会用真金白银投票给真正卓越的产品。

Model Y符合特斯拉"秘密宏图第一篇章"的构想,特斯拉希望以这样一款产品切中普通消费者覆盖的刚需市场。从最初做产品设计时,特斯拉就没有选择让Model Y成为一款某方面异常突出的"炫技"车,而是有意将它设计成一款老少咸宜、均衡而全能的车。它在安全和性能方面依旧秉持着特斯拉出品的最高标准,在用车体验的产品力方面是一个"六边形战士",在价格上又足够实惠亲民,这些都让Model Y尽可能地满足了广大消费者对日常城市出行的多方位需求。

如果说Model 3是身手矫健的操控者座驾,Model Y就是靠谱妥帖的全能型选手。相较于Model 3,Model Y的顶部空间和后排空间都有所提升,家庭成员共同驾乘时的体验更加舒适友好,储物空间更是远大于其他乘用车。Model Y全车储物空间多达2 158升,相当于48个登机行李箱的大小。其前备箱和后备箱均可用于储物,如果将第二排座椅折叠放平,还能释放更多空间,甚至能装下小型家具、冰箱和多个行李箱,满足用户旅行、搬家的载货需求。宽裕的空间也为驾乘人员创造出全新的出行生活方式。Model Y已经被许多城市年轻人当作"露营神器"。除了后备箱可以放下各种露营装备,座椅放倒之后还可以变成一张双人床,搭配车载的空调"露营模式"、影院娱乐系统和卡拉OK功能,还有可以看星星、赏月亮的全景玻璃天幕,城市人户外休憩的周末时光被安排得妥妥当当,甚至围绕Model Y打造的各种露营周边配件也成了一门好生意。

为什么Model Y可以成为一款广受大众喜爱的畅销车型？除了肉眼可见的车内空间大，还有哪些本领是它深藏不露的？

Model Y最为难能可贵的一点就是它作为一款电动SUV不仅性能出众、技术领先，还是全球最高效的SUV之一。即在其测试环境中，每千瓦时电能可驱动Model Y行驶约4英里。特斯拉"S3XY"全系车型中，Model Y推出最晚，它也因此集合了特斯拉当下所有的先进技术和生产制造工艺，这让Model Y在同级大型SUV中极具性价比。

如今，无论是在作为创新沃土的美国，还是燃油车的大本营欧洲，再到中国这样一个全球竞争最激烈的新能源车市场，Model Y都具备强竞争力。

如果用传统的制造工艺打造Model Y，那么这款车要么成本比现在高，要么在现有的成本水平上无法达到如此出众的性能与品质。为什么Model Y全都做到了？它背后的撒手锏到底是什么？其中，一体化压铸技术和线束革命是两项不得不提的重要创新。

一体化压铸技术，像拼乐高一样造车

在特斯拉"秘密宏图第二篇章"中，马斯克提到："尽可能迅速地扩大产能，是实现可持续发展未来的关键。"对特斯拉来说，不断扩大产能、降低成本，不仅要研发具有独创性的产品，更要在制造产品的工艺技术上实现关键突破。其中一项重要成果就是一体化压铸技术——用大型压铸机对车身进行一体铸造，这项技术率先被应用于Model Y的制造过程。在特斯拉发明一体化压铸技术之前，制造车身需要分别使用多台冲压机先制造出车身的各个部分，再将这些独立的部分进行焊接或连接，才能制造出车身框架结构。通常车头、车尾两个部分的零件需要近千次焊接，才能制造出一个完整的车身框架。完成数量庞大的焊点，不仅耗时耗力，无形中也为车辆安全带来隐患。

特斯拉发明的一体化压铸技术，好比是用巨型压铸模具一次性做出整个车身框架，而不是将各部分做好后再拼接起来。有趣的是，一体化压铸最初的想法竟源于一辆玩具车。在看到一辆Model S一体成型的玩具车模后，马斯克灵感闪现：在真实的车辆制造过程中是不是也可以这么做呢？特斯拉后来将这项技术记录在了一个编号为US20190217380，名为"车架多方向一体铸造机及相关方法"的专利里。这一专利开源后，也掀起了制造业的"一体化压铸"热潮。

在工业实践中，特斯拉使用的超大铝合金结构件压铸机的锁模压力达6 000吨。一体化压铸工艺在特斯拉内部被称作"超级铸造"，经过这一过程，Model Y的前后底板就能一次压铸成型，不仅使得相关成本降低了40%，还能在车身轻量化的同时，将车身的整体强度提升数倍，提高车辆的安全性和结构稳定性。在特斯拉全球产量最大的上海超级工厂里，从2020年起就一直在用这项技术压铸Model Y的后底板。在焊接流程中，一体化压铸技术的应用大大简化了Model Y后底板的连接工艺，使车身焊点和涂胶量都大幅减少，原本需要70多个焊接件组成的后底板，现在可以一次压铸成型。

制造技术升级也直接加快了上海超级工厂的造车速度。在汽车行业，达到60秒下线一辆车的速度就已经可以被视作高生产水平，这被誉为"黄金60秒"，而2023年起上海超级工厂就能够做到30多秒下线一辆整车，并且这一纪录还在不断被刷新。

在2022年投产的特斯拉得州超级工厂，一体化压铸技术还被应用于 Model Y 车身前底板的生产过程，大幅节省了人力、工时和工厂空间，只用一台巨型压铸机就可以取代大量机械臂焊接零件的工作。

2022 年，时任大众汽车 CEO 赫伯特·迪斯曾表示：大众正在制订一项计划，希望改造大众德国沃尔夫斯堡的总部工厂，并使之成为能与特斯拉柏林工厂相匹敌的工厂。[1]特斯拉的高效生产与它采用一体化压铸技术有着密不可分的关系。

目前，特斯拉还在升级一体化压铸技术，未来将能够实现几乎所有车辆底部部件的一体化压铸。如果说 100 年前福特 T 型车为人类带来了革命性的流水线生产方式，那么 100 年后的今天，Model Y 则在电动车领域探索出了更高效、集成、智能的大规模量产方式，为实现"加速世界向可持续能源的转变"这一目标又迈出了重要一步。

一体化压铸技术也让同行们深受震撼。2023 年年初，丰田对特斯拉 Model Y 进行了拆解。丰田高管在仔细观察 Model Y 精巧简单的零部件及车辆架构后，忍不住赞叹："剥掉 Model Y 的皮肤，它可以说是一件真正的艺术品，太不可思议了！"沃尔沃汽车战略主管埃里克·塞弗林森也不禁感叹："一体化压铸堪称完美，它可以用 1 个零件替换 100 个零件。"与此同时，沃尔沃也宣布将在其第三代电动车中使用一体化压铸技术。[2]

通用汽车 CEO 玛丽·博拉也表示，公司已订购两台一体化压铸机用于制造车辆。"汽车行业一直视丰田制造汽车的方式为行

---

[1] https://www.businessinsider.de/wirtschaft/kampf-gegen-gruenheide-vw-chefs-wollen-wolfsburger-stammwerk-radikal-umbauen-um-gegen-tesla-und-china-cars-zu-bestehen-d

[2] https://electrek.co/2023/02/28/tesla-model-y-work-of-art-toyota-tearing-down/ https://www.ft.com/content/08048b42-ce72-4b64-9e0e-d15fbc98a9da

业标准,如今令人吃惊的是,特斯拉的新制造方式很可能成为生产电动车的标准。"资深汽车分析师中西孝树（Takaki Nakanishi）表示。全球各大电动车制造商都宣布或计划使用一体化压铸技术,这是不是意味着特斯拉的创新技术很容易被模仿、被赶超呢?事实上这绝非易事,无论是材料、设备还是工艺方面,一体化压铸都不是"买了机器就能上马"的模块化环节,它构成了特斯拉无形的技术壁垒。

首先是材料问题。传统车辆大多使用铝压铸结构件加工。在稳定性等方面,它可能无法适配一体化压铸的制造工艺。特斯拉用的不是这种材料,而是自研了全新的铸造铝合金技术,从而避免了热处理环节导致大尺寸压铸件变形的问题。其次是设备问题。一体化压铸技术对压铸机的锁模力有较高要求,压铸机本身就有一定的技术壁垒,因为需要车企,也就是需求方参与设备的定制设计与开发,需求方要为此投入的资金量也十分可观。显然,没有决心投入巨额资金用于研发制造的企业,很难揽下这个"瓷器活儿"。最后,工艺问题对技术和经验的考验也很大。压铸工艺在温度、真空、工艺参数、后处理等方面都比传统铸造工艺要求更高,任何一个环节出现问题,都可能会影响铸件的本体品质。由于一体化压铸的零件结构复杂、制造费用高、准备周期长,对压铸模具的生产也提出了更高的要求。实际上,一体化压铸技术的研发成本相当大,失败风险也较高,企业在立项、研发阶段并没有把握一定能够拿下该技术。但对特斯拉来说,这些都不是核心问题,最关键的是要敢于尝试创新,对试错结果保持宽容和积极的态度,锐意进取。就像今天特斯拉拥有的众多技术成果一样,一体化压铸也是在这种企业文化价值观的引导下自然涌现的新成果之一。

正如马斯克所说,生产制造是特斯拉的最大优势,也是特斯拉难以被复制的核心要素。一个很有力的证明是,数月前,十分推崇特斯拉一体化压铸技术的丰田就已经意识到这项技术的难度。丰田方面表示:这是完全不同的制造哲学,我们需要为制造电动车设计全新的平台。丰田并不打算全盘采用特斯拉的一体化压铸方案,它将重新依靠自身数十年的经验来寻找新方法。丰田首席生产官新乡和晃表示:"说实话,我们在一体化压铸方面已经落后,我们还没有推出相关产品。"

围绕线束的创新

除了一体化压铸,发生在 Model Y 身上的另一项重大创新就是车内线束系统。

普通人很少会去关注车里的电线是怎么排布的,因为几乎看不到它们的存在。事实上,随着车辆智能化、电气化转型,线束系统方面的架构革新对车辆生产意义重大,有助于实现制造环节的降本增效和生产过程自动化。对消费者来说,线束的减少将直接降低车重,在同等条件下,车辆就可以获得更长的续航里程。汽车线束系统是指车辆内部的电气连接系统,由电缆、连接器、保护套和其他相关组件组成,用于将车辆各个部分的电气设备连接起来。线束就像是神经系统,它是信息产生交互的硬件基础,在车辆电气系统的正常运行中发挥着关键作用,用于确保各个部件之间的有效协同工作。高效稳定的线束系统设计可以让车辆丝滑地执行驾驶员或者乘员的指令,提供更好的用车体验。

在制造 Model 3 时,特斯拉就对整车的电子架构进行了系统性改良,并在 Model Y 上做出了更多改进。比如左边的域控制器直接控制了车门、座椅、内饰灯、空调等多个功能,减少了控制器数量，车辆所需线束也因此减少。

特斯拉另一个减少线束的技术是基于域控制器架构，在电子线路板上设计桥接链路，通过电子信号通信，不再需要物理线束内连。目前在Model Y上，车辆线束长度被缩减到1 500米左右，同等价位的SUV车辆线束长度为2 500~3 000米。

围绕线束的创新还在继续。就特斯拉已经公布的编号为US20190217794的"线束系统架构"专利来看，未来，柔性线束很可能变为刚性形态，这将更有利于产线的自动化。在未来的车型上，特斯拉还将落地供电回路共享，也就是围绕整个乘员舱做一个360度的供电环，环上的每个位置都可以接电。这就好比装修的时候，整个房间从一个电源插口变成环绕房间一圈都预留好插口，各种家用电器摆好位置之后可以就近接电，自然不再需要满屋都是电线。

此外，如果在未来更多车型上可以应用48伏低压架构，那么线束的直径可以更小，从而起到减重的效果。改变线束系统的形态、制造方式、集成方式，倒逼上游供应链环节开展创新，本身就是在践行"变革制造机器的机器"这一创新思维理念。特斯拉再一次为车辆电气化发展提供了创新性的技术思路。

推动全球交通大变革

Model Y之所以能够成为全球销量最高的乘用车，与特斯拉自创立以来的企业精神密不可分：从第一性原理出发，关注制造业最基础、最本源的关键问题（比如如何利用规模效应实现降本增效），专注可持续能源长远的发展目标，让制造过程、产品本身和汽车生态系统都实现整体性优化提升。

所有看得见和看不见的创新，在消费者日常用车生活中也都一点一滴地变成了真切可感的高质量驾乘体验：流畅的车身线条、超大的储物空间、更长的续航里程、更高的安全水平、通透的玻璃天幕、自动辅助驾驶硬件HW4.0、不断更新的OTA空中升级系统、在同级别车型中极具竞争力的售价，以及经济实惠的日常补能和保养费用……从任何角度去审视，在特斯拉"S3XY"家族的产品序列中，Model Y都扮演着至关重要的角色。

在Model Y销量迅猛增长的2022年，全球新能源汽车销量首次突破1 000万辆，同比增长63.6%。与此同时，众多传统汽车巨头纷纷宣布了各自的"电动化时间表"。特斯拉不仅打造出了受消费者喜爱的产品，还不断探索生产制造的新技术，为行业提供新思路。

第 15 章

商用卡车的绿色变革

Semi 重型商用卡车

降低重型商用卡车的碳排放是另一个全行业达成共识的"环保战场"。在美国，重型商用卡车仅占上路车总数的1.1%，但由于挂车重量大、使用频率高，燃料消耗量很高，其排放量占美国汽车总排放量的17%左右。重型商用卡车电气化是世界向可持续能源转变的重要组成部分。在全球范围内，众多国家及组织机构也纷纷制订计划，推进重型商用卡车领域的绿色转型。

2019年，欧盟制定了全球首个卡车排放标准。根据相关协议，到2025年，新卡车排放量必须降低15%，到2030年，要降低30%。2021年10月，中国国务院印发《2030年前碳达峰行动方案》，提出"到2030年，当年新增新能源、清洁能源动力的交通工具比例达到40%左右"。

2022年8月，美国《通胀削减法案》正式通过，中型和重型卡车购买者可获得高达4万美元的税收抵免。落基山研究所分析认为，这一激励措施将电动卡车大规模普及的时间线提前了大约5年。[1] 国际能源署发布的《2023年全球电动汽车展望》中的数据显示，2022年，全球中型和重型卡车售出6万辆，仅占卡车售出总数量的1.2%。[2] 与特斯拉"S3XY"家族在乘用车领域带来的积极影响一样，Semi的问世也将按下商用卡车领域"油转电"的加速键。

改变运输业

北京时间2022年12月2日，在特斯拉内华达超级工厂，一辆

---

[1] https://rmi.org/analysis-with-smart-policy-truck-electrification-is-within-reach

[2] https://iea.blob.core.windows.net/assets/dacf14d2-eabc-498a-8263-9f97fd5dc327/GEVO2023.pdf

通体白色的电动重型商用卡车缓缓驶出：它拥有位于正中的驾驶位、超广角视野的车窗、流线型车头……仿佛从科幻电影中驶出一般。这就是特斯拉电动重型商用卡车——Semi。马斯克将两张卡片钥匙交给百事公司的两位负责人，特斯拉完成了Semi的首次交付。

Semi为运输业带来的变革体现在多方面。首先，Semi将大幅降低运输行业的碳排放；其次，其三电性能、OTA空中升级技术的搭载，会使Semi成为智能电动技术在货运领域的重要载体，为货运交通的全面智能化打下基础。最后，用电力替代燃油，Semi能进一步降低驾驶员和运营者的用车成本，让货运交通更经济。

在低碳环保方面，因Semi的纯电动属性，率先运营Semi的百事公司，以及沃尔玛、中外运敦豪快递等公司接连抛出了订单的橄榄枝。百事公司首席可持续发展官托德·斯奎克曾表示："到2040年，我们的目标是实现40%的业务脱碳，特斯拉Semi将提供强大助力。"

当然，低碳环保只是电动商用卡车的基础能力。在产品性能方面，特斯拉把自己在乘用车领域积累的续航、性能、安全等技术向Semi进行了打包输出，使其更具创新性。

就在Semi交付前一周，马斯克在推特上发布了一则实测成绩：一辆满载后重达8.1万磅的Semi，完成了500英里的行驶里程。在交付仪式上，特斯拉表示，Semi不仅拥有高达500英里的续航，配合能量回收制动功能，实际续航还能进一步优化。按照特斯拉的统计，在80%的情况下，卡车运输半径都在250英里内。这意味着Semi可以替代传统燃油卡车，承担绝大部分卡车运输业务。

"特斯拉希望打造一辆加速性能无与伦比的车。"时间回溯到2017年，马斯克在Semi发布会上做出承诺，"开Semi，就像开

Model 3一样畅快。"时隔5年，诺言兑现了。为了保证Semi也能拥有乘用车一般的性能，特斯拉在设计和三电系统方面下足了功夫。

像子弹头一样的流线型外观设计让Semi的风阻系数低至0.36。要知道，传统卡车的风阻系数多为0.50~0.90。[1]

Semi的后轴上有三个独立电机，变道时能够轻松地汇入车流，上坡走山路时也如同在高速公路上行驶一般自如。这套系统保证了Semi在满载的情况下，也能拥有及时的动力响应和强大的加速能力。

相比乘用车，在重型商用卡车的高速货运场景中，长途驾驶更易使司机走神或疲劳。中国物流与采购联合会发布的《2022年货车司机从业状况调查报告》显示，超过76%的司机日均工作8个小时或以上，劳动强度较大。

设计以安全为先的特斯拉让Semi同样恪守"五星安全"。Semi搭载的主动安全等技术早在"S3XY"车型上就得到了验证；在被动安全方面，全电动架构让Semi拥有更低的重心，减少侧翻危险。

同时，Semi设在正中的驾驶位也颇有讲究，司机可通过方向盘两侧的两块15英寸大屏查看后方和周边路况及车辆状态等信息，消除了重型商用卡车的视野盲区。

Semi搭载的软件系统也能持续监测牵引系统、底盘状态等，并通过电机实时调整扭矩，以提升高速行驶时的可靠性和稳定性，避免因货箱不稳定而发生的车辆V字形弯折等隐患。

马斯克频频提及的Semi的另一个亮点是它的前挡风玻璃，他曾表示："卡车的车窗很大，如果破损就不再被允许上路，更换也会很费时间，更会影响业务时效。Semi能够防止车窗碎裂，这个细节对真正使用和理解卡车的人来说很重要。"

1　https://www.sciencedirect.com/science/article/pii/S1877705813004621

细节设计满足多样化用车需求

对司机和运营者来说，Semi带来的变革看得见、摸得着——舒服、省钱。驾驶Semi感受如何？在一次公开采访中，一位驾驶过Semi的百事司机说："车辆驾驶简单易上手，行驶平稳，性能也很出色，从驾驶柴油卡车转变为驾驶电动卡车并不困难，整体来说，我非常满意。""我们把驾驶位放在正中间，视野就像在赛车里一样，你还可以在车里站起来。"在交付仪式上，马斯克也对车辆的舒适性进行了补充说明，Semi虽然只有一个驾驶位，但它和传统卡车一样是两侧开门，司机进出更方便，如果有需要还可以在后排加装一排座椅。

Semi还充分考虑和满足手机等电子产品有线或无线充电、货物存储、前备箱等细节，满足司机的多样化用车需求。Semi和特斯拉其他车型一样，司机同样可以使用Tesla手机程序随时查看车辆状态、获取特斯拉服务、定位车辆。

节省成本更是Semi吸引经营者和司机拥抱"绿色货运"的一大法宝。一般来说，燃油成本占物流运营者运输总成本的30%。受近年来国际能源价格波动的影响，持续上涨的燃油价格进一步影响到货运交通的发展。《2022年货车司机从业状况调查报告》指出，87.56%的货车司机表示车辆行驶单位成本变化的最主要原因是燃油成本。[1]

按照特斯拉的说法，Semi的能耗约为1.24千瓦时/千米，用车成本较低。而且，Semi匹配的远程诊断、OTA空中升级技术等也让运营者花在维修、保养上的成本进一步减少。

---

[1] http://www.chinawuliu.com.cn/lhhzq/202304/07/603134.shtml

"3年内，每辆Semi大约可省下20万美元的支出。"按照马斯克的说法，倘若物流公司等客户大批量订购Semi，将会节省下非常可观的运营成本。

快速补能

此前，在2017年的Semi发布会上，特斯拉还畅想了这样一幅场景：将来，搭载FSD完全自动驾驶技术的Semi可以支持全新的跟踪模式。在高速公路上行驶时，三辆Semi就可以组成车队，后两辆能追寻第一辆的路线前进。这意味着运营商只需一名司机，就可以运送三辆卡车的货。

此外，马斯克也对Semi的补能基建做出了规划。《特斯拉2021年影响力报告》提到，公司正在美国和欧洲市场打造与卡车配套的休息站，站内配备可供司机休息、娱乐的设施。

"2023年上线的特斯拉V4超级充电桩可将电流密度提高3倍，能为Semi快速补能。"特斯拉希望充电30分钟即能为Semi补充超560千米续航，这意味着司机只需一顿饭的时间，即可继续行程。

2023年11月，海外网友@erikyde在社交平台上发布一则消息称，在美国洛杉矶附近发现了可以为Semi补能的Megacharger充电站，照片显示充电桩配备的充电插头比常规充电插头更大，并采用方形设计。

此前的2023年8月，特斯拉提交了一项Megacharger的建设规划，计划在加利福尼亚州和得克萨斯州之间修建9个充电站，每个充电站将配备8个超级充电桩和4个Megacharger。该线路将有助于提升加利福尼亚州和得克萨斯州之间的运输效率。

2022年5月，Semi在美国官网开启预订。当时，特斯拉为用户提供了两个版本的车型选择：300英里版本的起售价为15万美元，500英里长续航版本的起售价为18万美元。实际上，Semi于2017年亮相后，众多运营者向特斯拉发出大量订单。尽管并无明确的官方统计数据，不过能够受到沃尔玛、百事这些极为重视卡车运输、深谙物流运营的公司青睐，也说明Semi相比传统卡车优势明显。

Semi的到来无疑是特斯拉在实现"加速世界向可持续能源的转变"这条道路上的全新里程碑。

第16章

赛博越野旅行车：改变市场需求

赛博越野旅行车

"现在这里有一辆曾被认为是不可能实现的车，专家们都说它永远不会被制造出来。"北京时间2023年12月1日凌晨4点，马斯克在特斯拉得州超级工厂开启了这款"不可能的"赛博越野旅行车的首批交付。

从2012年的初步设想到2023年的最终交付，这款车的问世经历了大约10年。对于赛博越野旅行车，有多少粉丝期待，就有多少专家唱衰，马斯克甚至也曾在财报会上把这款车的量产难度形容为自己给自己"挖坑"。最终特斯拉兑现了承诺，推出了这款车。一切不可能都变为可能，赛博越野旅行车再一次证明了特斯拉的产品力。它是对车辆机械架构和生产方法的重新思考，是车辆制造工艺全面革新的代表作。

赛博越野旅行车做到了"比卡车更实用，比跑车更迅速"。它采用了不锈钢外骨骼车身、装甲玻璃和全地形轮胎，坚固耐用的同时可以适应各种路况，甚至可行驶在多行星表面。通过线控转向和后轮转向，驾驶者可以获得跑车级的操控性，以及甚至优于Model S的转弯半径。野兽版的零百加速仅需2.7秒，最高时速209千米每小时，具备4 990千克的牵引力，可以拉动一头非洲象。其行李箱尺寸为6英尺[1]（长）×4英尺（宽），前备箱、车顶上方的行李架和隐藏式工具箱也可用于载物。最大载荷为1 134千克，可封闭上锁的载物空间为1 897升，容量充足。毫无疑问，就像几年来特斯拉"S3XY"四款纯电动车型致力于改变道路交通，赛博越野旅行车的目标是大幅改善大型越野车和多功能车领域的驾驶体验和行业格局。就像在交付仪式的1/8英里加速赛上，当观众开始为赛博越野旅行车超越保时捷911欢呼时，镜头切换，人们才发现赛博越野旅行车身后还拖着另一辆保时捷911。

1　1英尺等于0.304 8米。——编辑注

实现不可能

大型越野车和多功能皮卡诞生于20世纪初的美国，因商乘两用的多功能性受到广泛欢迎。

2022年，全球皮卡销量超过565万辆，其中仅在美国就卖出273万辆。除了美国，在加拿大、澳大利亚、东南亚等国家和地区，皮卡车型也占有重要地位，市场占比基本超过15%。

为实现全球年产2 000万辆电动车的目标，大型越野车和皮卡市场对特斯拉而言不可或缺。特斯拉造电动越野车的想法最早可追溯到2012年Model S发布后不久，马斯克在社交平台回复评论时曾说："我也非常想造一款特斯拉超级多功能车，拥有非凡的扭矩、动态空气悬架和操控性。那样就太棒了。"

过去，人们可能不太会将"非凡的扭矩""动态空气悬架""操控性"三个词和大型越野车联系在一起。以扭矩为例，传统皮卡和越野车的扭矩远大于普通乘用车和SUV。这是由传统大型皮卡和越野车的车身结构决定的。与一般乘用车的承载式车身结构不同，传统皮卡往往采用非承载式车身结构。

非承载式车身通过橡胶软垫或弹簧与车架柔性连接。车架是支撑全车的基础，承受着在其上面安装的各个总成的各种载荷，车身只承受人员和装载的货物的重力，在车架设计时不考虑车身对车架承载所起的辅助作用；承载式车身取消了刚性车架，车身作为发动机和底盘各总成的安装基体，兼有车架的作用并承受全部载荷。

可以看出，两种车身结构的区别主要体现在车身的受力方式不同：采用非承载式车身结构的车辆有更结实的底盘，面对颠簸路况时，通过底盘来承载压力变化，车身不会有明显形变，但因为坚固的底盘和车身是分离的，所以车辆的扭矩较大、悬架偏硬、舒适性差，并且很难有操控感；采用承载式车身结构的车辆在面对颠簸路况时则会通过车身形变来承受压力，同时因为车辆的一体化程度更高，会有更小的扭矩、更舒适的悬架和更强的操控感。

传统大型越野车往往采用非承载式车身的原因也很简单，因为要载重。如果采用承载式车身，则需要承受大型越野车动辄半吨以上的载重需求所带来的形变压力，这样的车身材料很难找到。

正因如此，行业普遍认为非承载式车身是皮卡和大型越野车的必选项，但凡事都喜欢从第一性原理出发的马斯克并不相信这一行业经验，在他看来总有一种足够坚固的材料可以做到这一切。于是，2019年，外观惊人的赛博越野旅行车亮相了。

"（大型越野车和皮卡）在很长一段时间里都是一样的，大概有100年都没变过了。"马斯克在2019年的赛博越野旅行车发布会上告诉现场观众，"我们想尝试一些不同的东西。"在构思赛博越野旅行车的设计时，特斯拉首席设计师弗朗茨·冯·霍兹豪森认为，大型越野车面对的环境非常复杂，所以它"要有一个非常耐用的车身和非常强的外骨骼"。

众所周知，大部分哺乳动物（包括人类）的身体结构都是身体最外层是柔软的皮肤，骨骼在体内支撑着骨骼肌与内脏器官；有些动物（如昆虫）则不一样，它们的骨骼会包裹住肌肉和器官，从而在身体最外层形成一个"壳"，也就是"外骨骼"。

普通的车就像人类这样，车身表面一层薄薄的钢板（也可能是铝板或塑料）相当于皮肤，它们的强度不高，主要是用来防水防尘及增加设计感的。真正支撑整辆车强度的是这层"皮肤"里面粗壮的车身结构。不同于传统汽车的骨骼结构，特斯拉在赛博越野旅行车上采用了自研的高强度不锈钢材料HFS（Hardened Stainless Steel）替代最外层的薄钢板和中间层的车身结构，形成一层超硬的不锈钢外骨骼，并采用一体化压铸技术制造承载式车身结构。

这种超强合金材料具有良好的强度和抗腐蚀能力，材料表面经冷轧加工后更加光滑、坚固，一般被用在火箭上，用它承担大型越野车载重导致的形变压力甚至有点儿"杀鸡用牛刀"的意味。这种材料也带来了非同一般的安全性：在汤普森冲锋枪扫射的"暴力实验"中，数十发子弹都没能打穿车门。而且，因为这种材料有足够的强度，能够省去大部分车身结构，所以整体上不会导致重量大幅增加。

2018年，在赛博越野旅行车设计的早期，马斯克的儿子萨克森曾提出一个问题："为什么未来看起来不像是未来？"马斯克常引用这句话，向设计团队强调："我希望未来看上去的确来自未来。"

这句话也成为赛博越野旅行车外观设计的主旨和交付仪式的主题。赛博越野旅行车的外观设计借鉴了包括《银翼杀手》在内的多部20世纪80年代的科幻电影，融合了20世纪人类对于未来和科技的想象。多种交通工具，甚至战斗机，都成为设计赛博越野旅行车的灵感来源。比如，弗朗茨·冯·霍兹豪森将战斗机的简洁外观、高强度材料及空气动力学理念赋予赛博越野旅行车，使其在高速行驶时更加稳定。

赛博越野旅行车不一定非要按照70年来固定的模式设计，越野车也可以做得非常不一样，而且不舍弃任何功能，弗朗茨·冯·霍兹豪森曾表示。就像他在访谈中说的，特斯拉设计出的每款产品都要成为杰作。

量产难题

从2019年发布到2023年交付，特斯拉为赛博越野旅行车的大规模量产筹备了近4年。

赛博越野旅行车最初计划在2021年年底开始生产。随着制造工作的展开，马斯克承认赛博越野旅行车的设计并不简单且制造更加困难，他说："不能只使用传统的制造方法，我们必须发明一套全新的制造技术，才能制造外骨骼车，这显然不是件容易的事情。"由于外骨骼材料的硬度过高，不能像传统汽车零部件那样冲压，最终，特斯拉团队通过Air Bending这一创新工艺，利用高速空气实现无接触弯折，打造出这辆车用常规工艺难以实现的前卫外形。

马斯克要求工程师把钢制面板的尺寸误差控制在0.1毫米以内，以减少瑕疵，而传统的汽车面板尺寸误差是0.5毫米。"追求更高精确度并不需要付出高昂的代价，这主要看你到底有多上心。你真的关心精确制造的问题吗？如果你关心，那么你就能让制造过程更精确。"马斯克说。

赛博越野旅行车是世界上第一款采用48伏低压架构的量产车型，革新了汽车行业沿用70多年的12伏电源系统架构。这种架构大大降低了线束的重量和空间占用，在提升车辆空间的同时降低车重、提高续航、减少充电次数和充电费用。新车型交付后不久，马斯克就给各大车企高管寄送了"如何设计48伏低压架构汽车"的工程文件，福特CEO为此在社交媒体上公开致谢特斯拉。[1]

同时，赛博越野旅行车还是世界上第一款采用完全线控转向的量产车型，取消了物理连接转向结构，通过"冗余设计"双电机实现线控转向，让转向操控更安全灵敏，配合后轮转向，使得车身长度超过5.6米的赛博越野旅行车转弯半径可以媲美Model S。

正是从头开始的车辆设计、规模化生产工艺的革新和对更高精

---

[1] https://insideevs.com/news/699798/tesla-shares-cybertruck-48v-architecture/amp

确度的追求，让赛博越野旅行车一度成为特斯拉给自己挖的"坑"。

即使在特斯拉内部，赛博越野旅行车也曾饱受争议。《埃隆·马斯克传》中写道，特斯拉内部有人认为没人会为如此未来主义的设计埋单，而马斯克说："我不在乎有没有人买。我们不做传统的、无聊的皮卡……我想打造的是酷炫的东西。"这或许正是赛博越野旅行车能最终问世的原因所在。正如马斯克所说："赛博越野旅行车几乎没有妥协，我们需要做不一样的事情。"

作为一款面向未来的产品，赛博越野旅行车几乎搭载了目前电动车行业内最先进的技术，证明了此前无人涉猎的大型越野车也可以拥有更多可能性。马斯克曾说："如果赛博越野旅行车没有改变市场需求，那其他车也做不到。"

第17章

力争造最安全的车

特斯拉白车身结构示意图

2023年年初，在美国加利福尼亚州，一辆车冲出公路栏滚下近80米的山崖。令人惊讶的是，事故车辆的骨架仍保持完整，车主一家四口全部生还，而这辆车正是特斯拉Model Y。现场救援人员说："这简直是个奇迹！车辆从这么高的悬崖掉落，没有起火，也没有爆炸，更令人震惊的是，车内两名成年人和两名儿童仅受轻伤，看来是特斯拉保护了他们！"[1]

此次事故，曾一度掀起人们对特斯拉和电动车安全的讨论。2021年，世界卫生组织分管非传染病、残疾、暴力和伤害预防事务的官员艾蒂安·克鲁格表示，自汽车面世以来，全球累计超5 000万人死于交通事故。人们希望从汽车被生产出来的那一刻起，它就是高度安全的，不仅守护驾乘人员，也能保护每一位道路使用者。尽管世界上还没有一款车可以100%地避免交通事故的发生，但所有厂商均致力于提高产品的安全性，尽可能降低事故发生的风险。

什么样的车能够实现相对高水平的安全呢？简单来说，需要有钢铁侠般的身躯与全智能的大脑，即被动安全与主动安全的协调。被动安全是指车辆在发生事故后，对驾乘人员及道路使用者的保护，以减少其受到的伤害；主动安全则是指在车辆发生事故前及时预警并参与决策，尽可能避免碰撞，以及如果发生碰撞，尽可能避免对人员造成伤害。汽车厂商也为此做了诸多创新，特斯拉是其中付出巨大努力且富有成效的企业之一。

---

1 https://carbuzz.com/news/family-lucky-to-be-alive-after-their-tesla-model-y-fell-250-feet-down-a-cliff

三套安全组合拳

特斯拉车辆的安全性在各大安全测试中都得到了认证。评价车辆被动安全的两大车身结构指标就是车辆在碰撞过程中的车身变形程度，以及碰撞后的乘员舱完整度。

在美国公路安全保险协会2024年2月底发布的2024年度车辆安全评选结果中，特斯拉Model Y获得年度最高安全大奖——"最高安全车型"（Top Safety Pick+）认证。这也是特斯拉旗下车型连续6年摘得该协会最高安全大奖，并获得多个测试项目的最高分大奖。

2024年，该协会还宣布提高了最高安全大奖的标准，要求加强对后座乘客和行人的保护。即使是在更加严苛的测试条件下，Model Y依然在耐撞性、前方行人避撞系统等多个项目中取得最佳成绩。同时，不仅在美国，在中国、欧盟、澳大利亚等国家和地区的权威安全评级机构的多项测试中，特斯拉都曾摘下"五星安全大满贯"。[1]

特斯拉在碰撞测试中的优异表现首先源于车身结构强度。特斯拉采用的是笼式车身，座舱架构类似于一个笼子，分为冲击溃缩区与高强度座舱区，笼式车身不仅可以保证车身刚性，还可以有效降低车身重量。这意味着一旦发生重大事故，特斯拉车身可以利用冲击溃缩区降低冲击造成的影响，减少车身形变量。

但是好的"骨架"还需要搭配合理的"骨密度"。制作笼式

---

[1] 中国保险汽车安全指数，"车内乘员安全指数"项目全优秀，https://www.ciasi.org.cn/result；欧盟新车安全评鉴协会，Rating 五星，https://www.euroncap.com/en/results/tesla/model+y/46618；澳大利亚新车安全评鉴协会，Safety Rating 五星，https://www.ancap.com.au/safety-ratings/tesla/model-3/70118a。

车身采用的材料是热成型钢，屈服强度为1 300兆帕。也就是说，当钢板因承受外界冲击而发生形变时，其内表面被"拉长"时所能承受的极限应力折算到每平方厘米足有13吨，底板横梁采用马氏体钢，屈服强度为1 700兆帕，甚至达到了坦克装甲级强度。值得一提的是，马氏体钢采用辊压成型工艺，支撑力超强，材料利用率也很高，还能够保证轻量化，在遭受侧面撞击时尽可能地为驾乘人员提供保护，并且能保护电池包等脆弱部位。

  在车身材料使用方面，特斯拉科学搭配不同强度的材料。除了使用热成型钢和马氏体钢，还灵活应用超高强度钢、高强度钢、铝板材、低碳钢，其中超高强度钢主要应用于减震塔、前底板三角腔位置、门槛，提供高强度支撑结构；高强度钢主要应用在白车身中底板、后底板、仪表板等位置；铝板材是车身轻量化的重要材料，同等结构下铝板材比钢板材减重65.6%，同时有良好的吸能作用，在前后碰撞、侧面受到撞击时起到吸能保护作用；低碳钢有良好的耐腐蚀性，而且便于塑形，可以提供良好的型面，打造小鸭尾。

  车顶同样有学问，在内部翻滚测试中，Model Y的车顶结构能承受超过9万牛顿的车顶压力，相当于两头非洲象站在车顶。采用热塑性材质的安全玻璃还可以在车辆受到严重撞击时，将碎片牢牢黏合在一起，即便破损也能保持整体性。

  特斯拉的车内结构实用性很强，也承担着关键的安全职能。作为电动车，特斯拉并没有发动机等传统动力装置，前备箱区域除了可以储物，还能和后备箱区域一起承担吸能溃缩区的职能。当车辆承受撞击时，它能充分吸收冲击能量，提供缓冲空间，减轻驾乘人员在撞击中受到的伤害。

  特斯拉车辆的超低重心是驾驶安全的又一有力保障。翻车事故是容易造成人员伤亡的一类事故，特斯拉通过尽可能降低电池包和电机的离地间隙，在车辆结构设计上实现了极低重心。而且，特斯拉在设计车辆时也非常注重重量分配，如Model 3和Model Y的前后重量分布约为50∶50，这种理想的重量分布与车辆本身的超低重心、电动扭矩相结合，将翻车风险降到极低。

如果说特斯拉的第一套安全组合拳是车身刚性与结构，那么第二套组合拳就是先进的制造理念与工艺。

马斯克说："生产制造是特斯拉的核心竞争力。"的确，特斯拉领先的生产制造工艺让车辆从源头上更加安全。以一体化压铸工艺为例，一方面，它将底板减重，让焊接过程更精简，可以提升效率，使车身轻量化；另一方面，它提升了产品的一致性和整车结构的完整性，有效降低了事故中车辆变形给座舱区带来的风险，提高了车辆的安全性。

第三套组合拳就是驾驶舱内的安全配置，远端安全气囊就是这样一个例子，它率先搭载于中国制造的Model Y上，位于主驾驶座椅靠背内侧，也就是主驾驶座椅与副驾驶座椅之间，两个大体积腔体的设计可有效吸收冲击能量并提供支撑，一旦出现侧向撞击，可有效防止前排驾驶员与前排乘客之间的身体碰撞，并且减少人员与中控扶手、座椅等内饰件之间的碰撞导致的伤害。截至2023年，特斯拉已将这一安全配置用在全系车型上。

欧盟新车安全评鉴协会的报告表明，在远程端碰撞造成的严重伤害中，43%发生在胸部和腹部，23%发生在头部。国际损伤生物力学学会2018年年会论文显示，对于65岁的乘员，如果没有远端安全气囊，在侧面移动变形壁障碰撞中，肋骨骨折超过2根的风险为91%，侧面柱碰中的概率为46%；在有远端安全气囊的情况下，两种碰撞发生的概率都是0。[1]

2020年起，欧盟新车安全评鉴协会的碰撞试验引入远端碰撞这一考察项，由此发现远端安全气囊能够进一步保障驾乘人员的生命安全，这也是特斯拉率先引入该配置的重要原因。此外，特斯拉座舱内配备的7个安全气囊可根据传感器提供的实时数据，结合系统分析，为驾乘人员提供及时的安全保护，反应时间可精确到毫秒级别。安全气囊搭配安全带的使用可以进一步提升安全性，特斯拉前排采用双级限力安全带，标配肩部和髋部双预紧功能。发生碰撞时，安全带系统将根据外围传感器信息判断碰撞强度，并依据乘员体型动态调整安全带限力值的切换。因为力过大，胸部伤害值过大；力过小，则拉不住人体，头部容易撞击前方物体受伤。

在被动安全领域，特斯拉多次赢得全球主流安全评测机构给出的五星安全评级，在细节考核中获得高分。以美国公路安全保险协会2024年度车辆安全评选为例，该协会通过正面25%偏置试验及正面40%偏置试验来测试车辆的抗撞击能力。测试结果显示，无论是驾驶员侧还是乘员侧，Model Y基本都以最高分通过了所有细分类目的考核，能够相对全面地保护驾乘人员的安全。[2]

安全是特斯拉设计的首要目标，这是特斯拉始终坚持的初心。从公司诞生的那一刻起，特斯拉就通过持续提升被动安全能力、精进主动安全技术，在各类评测和真实路况中持续证明了电动车的安全性。

1　https://www.ircobi.org/wordpress/downloads/irc18/pdf-files/16.pdf
2　https://www.iihs.org/ratings/vehicle/tesla/model-y-4-door-suv/2024

自动辅助驾驶：从"零伤亡"到"零事故"

安全，不仅是为了减轻伤害，更是为了避免伤害，这正是每位行业参与者共同奋斗的终极目标。钢铁侠的"外骨骼"战甲配备上智能大脑，就可以通过提前规避危险情况来实现更高的安全系数。

国家发展改革委员会城市和小城镇改革发展中心国土交通规划部智慧产业所副所长欧心泉曾表示："人工智能司机不会醉酒驾驶、不会边开车边发短信，以及不会感到疲倦。"他认为，随着智能辅助驾驶技术的不断成熟，交通事故发生的概率会不断降低，让出行更安全。

特斯拉自动辅助驾驶致力于实现的安全目标就是从"零伤亡"到"零事故"。2023年第二季度，针对驾驶中使用特斯拉Autopilot自动辅助驾驶功能的记录结果显示，平均每618万英里行驶里程会发生一起碰撞事故。相比之下，美国国家公路交通安全管理局和美国联邦公路管理局公布的最新数据（自2022年起）显示，美国境内大约每67万英里行驶里程就会发生一起车辆碰撞事故。[1]也就是说，特斯拉Autopilot自动辅助驾驶功能让行车安全水平达到全美平均水平的9.2倍。

特斯拉还会通过OTA空中升级技术，持续提升对驾乘人员的安全保护能力。OTA空中升级技术通过网络从远程服务器下载软件更新包，能够实现软件升级、硬件功能优化与拓展等功能，以小步快跑、快速迭代的互联网思维提升车辆的安全性。

---

[1] https://www.fhwa.dot.gov/policyinformation/travel_monitoring/22dectvt/
https://crashstats.nhtsa.dot.gov/Api/Public/ViewPublication/813526

第一个版本的 Autopilot 自动辅助驾驶功能就是通过 OTA 空中升级技术搭载到特斯拉的车辆上的。当时，Model S 已经搭载了实现 Autopilot 自动辅助驾驶功能所需的硬件，特斯拉的工程师只需要通过 OTA 空中升级技术激活配套软件，就能让车辆实现辅助转向、主动巡航等拓展功能。同时，有了 OTA 空中升级技术的加持，特斯拉车辆可以实现在线升级部分功能，针对驾驶安全未雨绸缪。

　　据不完全统计，2022—2023 年，特斯拉共进行了多达 21 次的 OTA 空中升级的重大版本更新，在人车交互、停车辅助等多方面不断升级安全功能。

　　依托 Autopilot 自动辅助驾驶功能，特斯拉可以实现自动紧急制动、车道偏离防避、碰撞预警、障碍物感应限速、盲点监测、对行人和自行车等交通弱势群体的监测等主动安全功能，而且这一系列功能是每辆特斯拉的标配，均无须购车用户加钱选配。

　　在国家"十三五"科技创新成就展上，时任国家发改委综合运输研究所经济中心副主任的陈晓博表示："自动驾驶是交通运输未来发展的方向，是世界科技前沿领域。"智能驾驶可以实现更强的安全性，也是目前减少交通事故的更优方法。虽然市面上没有一款车能完全杜绝事故的发生，但特斯拉依然在日复一日地努力降低事故发生的风险。

　　自动驾驶能够克服人类驾驶车辆的诸多弊端。也正因此，特斯拉做的远远不止是一个自动辅助驾驶系统，而是在研发自动驾驶技术、提升车辆安全性方面展开更深远的探索。

　　2024 年 3 月 18 日，特斯拉开始在北美全面推送完全自动驾驶 FSD V12.3 版本，本次升级的最大亮点是引入"端到端神经网络"技术。未来，实现了完全自动驾驶的特斯拉车辆会计算最优路线来完成每一段旅程，对复杂路况做智能计算，全程无须人类监督。

特斯拉需要做数十亿英里的行驶里程验证，才能让完全自动驾驶的可靠性远超人类驾驶员。在探索行车安全的路上，特斯拉永不止步。

马斯克说："如果行业能拥有更安全的完全自动驾驶技术，每年就有可能拯救至少90万人的生命，使900多万人免受伤害。对特斯拉来说，我们在道义上责无旁贷。"

健康也是安全的一部分

安全只是特斯拉的底线，是必须具备的基本功。在用车健康方面，特斯拉也在持续升级，比如材质是否环保安全、能否帮助驾乘人员过滤花粉等过敏原和空气中的污染源。

要想在健康的环境中出行，车辆需要做到两点。

第一，车外污染进不来：车载空调滤芯与净化系统完成设计与匹配后，可以吸附并过滤掉大部分固体颗粒物、有害气体，以及部分细菌、病毒等有害物质。2023年，针对中国制造的Model 3与Model Y车型，特斯拉升级了全系标配的座舱空气滤清器滤芯性能，让车辆健康的被动防护能力再增强。

特斯拉的滤芯相当于一个具有超级过滤效果的口罩，能有效过滤空气中的悬浮颗粒物，过滤效果超越车规级CN95标准。同时，通过甄选活性炭品类、增加酸性/碱性添加剂、黏合剂、活性剂等方法，它还可以有效吸附空气中的有害气体，成为阻隔污染的第二道防线。值得一提的是，升级后的滤芯选材不仅能为驾乘人员"挡"住污染，还能将来自座舱外部的病菌"打扫"干净，针对性地抑制一部分常见的细菌和病毒。广州市微生物研究所出具的检测报告显示，对于H1N1、冠状病毒、金黄色葡萄球菌、大肠杆菌、霉菌病毒等常见病毒及细菌，特斯拉的滤芯具备99%以上的抑制率，而这些病毒及细菌正是流行性感冒、呼吸道感染、毛囊炎等病症的病原体。

升级的滤芯配合高效空气过滤器，以及特斯拉"生物武器防御模式"，让特斯拉车辆在高污染环境中仍然可以保障驾乘人员的健康。Model S/X/Y配备的HEPA高效空气过滤滤芯，过滤效率高达H13（医疗级），"大滤芯"设计增大通风面积，为新鲜空气保留充足的自由进出空间。再加上"生物武器防御模式"，车辆行驶中车厢内可形成正压区，防止污染物从车厢缝隙等细微角落乘虚而入。

在测试当中，特斯拉工作人员将Model X放置在一个污染程度极高的透明封闭装置中，随后关闭Model X的鹰翼门，开启了"生物武器防御模式"。不到两分钟，Model X舱内空气污染水平从极度污染的1 000微克/立方米降至极低程度，以至于检测仪器都无法检测到。此时即便置身于污染弥漫的测试装置中，车内人员也可以摘下防毒面具，重新呼吸到清新的空气。

在冬季雾霾较为严重的情况下，特斯拉车友在室外使用工具测得PM2.5已超100微克/立方米，进入车内，开启"生物武器防御模式"后，测试工具显示车内PM2.5数值在两分钟内就降到个位数。这就是特斯拉车辆能让驾乘人员做到健康出行的第一点——车外污染进不来。

第二，座舱环境要干净。车内挥发性有机物（VOC）、车内气味强度（VOI）、车辆电磁辐射（EMR）、车内颗粒物（PM）和车内致敏物风险（VAR）等指标是衡量座舱健康的关键指标，这与车辆能否精选内饰材料、优化架构布局等措施息息相关。特斯拉选择的内饰材料也体现了创新思路。首先，特斯拉使用环保材料替代沥青垫，很大程度上降低了刺激性气味的释放。其次，特斯拉座舱使用环保胶黏剂，减少胶水用量，也大幅降低了车内挥发物的含量。同时，因为PU（聚氨酯）皮革更健康、更环保，耐污韧性更好，柔软轻薄更亲肤，所以特斯拉车辆内饰大面积采用特殊定制的环保材质PU皮革包覆。

继2019年和2020年Model 3连续两年入选中国汽车工程研究院"健康指数年度推荐车型"后，2021年Model Y也获得了中国汽车健康指数全五星的成绩。

表1 中国汽车健康指数2021年第三批车型测评结果中，特斯拉总分位列第一

测评车型	分指数项目	综合评分	星 级
特斯拉Model Y 标准续航版	车内挥发性有机物 & 车内气味强度（满分100分）	93	★★★★★
	车辆电磁辐射（满分100分）	98.63	★★★★★
	车内颗粒物（满分100分）	100	★★★★★
	车内致敏物风险（满分100分）	100	★★★★★

资料来源：中国汽车健康指数，http://c-ahi.caeri.com.cn/evaluate/detail?id=69&type=0，2023年10月11日下载。

第18章

完全自动驾驶："比人类驾驶安全10倍"

FSD 完全自动驾驶示意图（2023 年）

自动驾驶技术早已不是纸上谈兵,在马斯克看来该项技术的发展正处于从量变到质变的关键阶段,从小范围试点到大面积普及,或许不会再让大家等待太久。

2024年第一季度,Autopilot自动辅助驾驶功能让特斯拉的安全性达到美国平均水平的11.4倍。在特斯拉股东大会上,马斯克也强调FSD完全自动驾驶能力能够进一步提高车辆安全性,甚至比人类驾驶安全10倍。

而当特斯拉的车辆实现完全自动驾驶后,未来世界的智能图景也足以被描绘出来:到那时,在车内,驾驶员可以惬意地看视频、打电话,无须时刻关注路况;在车外,人们按几下手机,一辆辆无人驾驶出租车就会自动停在面前,安全、快速地将人们送达目的地……

抛开"电动车"的标签,特斯拉还是一家人工智能公司,持续研发无人驾驶技术,让车辆更安全,让出行更高效。

智能驾驶的DNA

在电动车还属于新鲜事物的时候,智能驾驶的DNA就刻在了特斯拉的骨子里,并成为其最鲜明的标签。几乎从10年前开始,特斯拉所有工厂下线的车辆均配备Autopilot自动辅助驾驶功能,并且不会向车主收取额外费用。

特斯拉在公司初创期就在智能驾驶上砸下重金,这在当时引发了诸多讨论:智能驾驶似乎是一个前路未卜的领域,投资这一领域会大幅增加企业运营成本,这样做值得吗?站在今天回看,这一问题早已有了答案。

除了已有大量真实案例证明在出行安全方面,智能驾驶功能发挥了巨大的优势。在出行体验方面，Autopilot自动辅助驾驶功能也发挥出愈加明显的技术能力。例如，这一功能借助摄像头和运算能力，让车辆在拥挤、复杂的路况中实现自动辅助转向，始终保持在车道内行驶。当驾驶员处于"放松不放手"的驾驶状态时，Autopilot自动辅助驾驶功能可在极大程度上缓解驾驶员的旅途疲劳。

智能驾驶技术的另一重要贡献在于提升交通效率，直击所有大城市的拥堵"心病"。百度地图《2022年度中国城市交通报告》指出，在通勤高峰期，北京、上海、杭州三地车辆实际行驶速度分别为31.11千米/小时、32.16千米/小时和30.33千米/小时，通行效率很不理想。试想一下，将来如果所有车辆都配备Autopilot自动辅助驾驶功能甚至FSD完全自动驾驶能力，可预判交通状况、自动调整路线，甚至在智能调度下让车辆有序通过红绿灯，运输效率将会大幅提升。

当FSD完全自动驾驶能力向更高维进化后，"你的私家车甚至可以自己跑出去赚钱"。马斯克曾说，将来FSD完全自动驾驶能力进一步提升后，车主只需要发出指令，车辆就会主动计算最优路线，并将乘客送往目的地。依托FSD完全自动驾驶能力，平时闲置在停车场的车辆也可以用于共享出行，成为赚钱的工具。

为什么是纯视觉

强大的无人驾驶能力的背后，是特斯拉基于视觉建立起的智能驾驶系统。

实际上，仅仅依靠摄像头感知世界并不容易。迄今为止，用摄像头，用激光雷达、毫米波雷达，用雷达和摄像头组合，再或者用高清地图组合雷达……多种感知路线之争仍未停歇。

坚持雷达路线的人认为，它能排除雷雨等恶劣天气的影响，让感知更精准。提倡高清地图的流派则表示，地图可以让车辆根据现有线路自动行进，虽然保守，但是可靠。

作为纯视觉的代表，特斯拉回归第一性原理，希望车辆可以从感知、决策、执行三个方面模拟人类驾驶：通过"眼睛"去灵敏地感知世界，通过"大脑"及时分析决策，用自身的经验和实际情况等信息实现更精准的驾驶。

摄像头就像人类的"眼睛"，不断捕获路面上的种种物体，从行人、动物、自行车、车辆到不同的交通标志，都要学习和认识。按照马斯克的理解，在摄像头的基础上添加雷达等额外的传感器，并不会让车辆具备更好的识别能力，相反，传感器种类及数量的增加不仅会加大后期信息协调与整合的难度，还会影响最后的分析速率和结果。

马斯克说："如果雷达与摄像头传来的信息相互矛盾，系统反而难以抉择。不如只选其一，做到极致。"基于此，特斯拉坚信雷达作为辅助传感器只是实现自动驾驶的过渡方案，因而仍会坚持纯视觉感知方案，不断提升感知、预测和决策规划的能力。

表 2　特斯拉纯视觉系统

眼　睛	神经网络	大　脑
摄像头组合实现360度视野	Tesla Vision 视觉处理工具	特斯拉的车载电脑分析处理

注：作者根据特斯拉的公开信息整理。

为了充分利用这组性能强大的摄像头，特斯拉研发了性能强大的视觉处理工具Tesla Vision（特斯拉纯视觉）。在这套工具中，特斯拉将捕获的图像转化成数据，再通过4D建模、数据标注等形式，提升信息识别准确度，让车辆拥有更强的复杂信息处理能力。

在2021年的人工智能日上，马斯克解释了当时特斯拉的具体做法。首先，通过多任务学习技术HydraNets，将摄像头收集的基础画面进行拼贴整合。其次，模拟生物视觉，以矢量空间技术对捕捉的环境进行4D建模。最后，特斯拉的全球数据标注团队通过自动识别结合人工标注的形式，添加数据标签，让神经网络具备在复杂场景下识别环境信息的能力。

Tesla Vision处理后的信息将被输入特斯拉的车载电脑，它将模拟大脑处理路面信息，做到"心里有路"，指挥车辆做出反应。从硬件上看，因为坚持纯视觉技术路线，特斯拉省去了激光雷达等大量传感器成本，这让特斯拉生产的具备Autopilot自动辅助驾驶功能的车辆售价更低，更适用于大规模技术普及。

从生产来看，特斯拉本身就拥有强大的车辆开发及制造能力，能够通过正向研发，让Autopilot自动辅助驾驶功能更加匹配车辆本身。走下产线的每一辆车骨子里就带着Autopilot自动辅助驾驶功能的DNA。可以说，特斯拉掌控了整个自动驾驶车辆从研发、生产到使用的生态链，可以更好地整合资源，让技术迭代更快，并且和用户建立更紧密的联系。

在车载自动驾驶芯片方面，特斯拉也坚持自研。特斯拉自动驾驶的硬件系统经历过数次迭代，在HW1.0、HW2.0和HW2.5硬件系统阶段，特斯拉的芯片曾来自不同供应商。但工程师们很快发现供应商的芯片达不到纯视觉方案对芯片算法的要求，于是特斯拉在硬件上也走上自研之路，从HW3.0硬件系统开始，特斯拉电动车就搭载自研自产的FSD芯片。截至2024年2月，特斯拉已经全系升级至自动辅助驾驶硬件HW4.0阶段。值得一提的是，2023年9月上市的新款Model 3移除了车上所有的超声波雷达和毫米波雷达，采用深度的纯视觉方案，依靠成熟的算力和算法，车辆可具备Autopilot自动辅助驾驶功能乃至将来的FSD完全自动驾驶能力。

Dojo超级计算机

数据是自动驾驶车辆的"基础养料"，算力是数据训练的根本，如果没有足够的算力，训练的效率将非常低。为了更好地处理海量视频数据，研发出更安全、精准、高智能的自动驾驶系统，特斯拉自研并启用了Dojo超级计算机。

2019年4月，在特斯拉自动驾驶日上，马斯克首次谈到Dojo："特斯拉确实有一个重大的项目，我们称之为Dojo，它是一个超级强大的训练计算机，其目标是能够输入海量的数据并在视频层面进行训练……也就是说，通过Dojo超级计算机，可以对大量视频进行无监督的大规模训练。"

随着所需处理的数据呈指数级增长，特斯拉需要利用超级计算机去提高训练神经网络的算力，还要扩展带宽、减少延迟、节省成本，这对Dojo超级计算机的布局提出了极高的设计要求。

2021年8月，特斯拉在人工智能日上正式推出了Dojo超级计算机，组成Dojo超级计算机的关键单元是特斯拉自主研发的神经网络训练芯片——D1芯片。D1芯片基于7纳米工艺打造，采用分布式结构，搭载500亿个晶体管，有354个训练节点，内部电路长达17.7千米。D1芯片的FP32（单精度浮点数）计算性能达到22.6TFLOPS[1]（每秒22.6万亿次），BF16/CFP8计算性能则可达362TFLOPS（每秒362万亿次）。

在产品形态上，Dojo的最终落地单位是一个名为ExaPOD的超级计算集群，它集成了3 000个D1芯片，包含120个训练塔，最终可以实现高达1.1EFLOPS（百亿亿次浮点运算）的BF16/CFP8峰值算力。Dojo超级计算机的性能非常强大，带宽充足，延迟也更低，能够为特斯拉自动驾驶视觉的算力训练提供完备的保障。

在软硬件一体化和全栈自研的原则下，特斯拉为Dojo超级计算机打造了一个专属的全栈软件系统，其中包括底层驱动软件、编译器引擎、PyTorch（一个开源的Python机器学习库）插件和上层神经网络模型等。

Dojo超级计算机的构建并非一蹴而就，除了要解决算力运行层面的芯片、内存、带宽、软件等技术难题，也要解决与之运行密切相关的功耗、冷却等问题。马斯克曾专门强调后者的难度同样非常大，因此特斯拉在Dojo的构建上需要进行长达数年的耐心投入。

2023年第二季度财报会议上，马斯克宣布Dojo超级计算机已落地投产，用于训练自动驾驶的人工智能大模型。同时，特斯拉也考虑向其他车企授权FSD完全自动驾驶技术硬件和软件，预计公司2024年在Dojo上将投入10亿美元以上。

实际上，Dojo超级计算机的想象力并不止于为自动驾驶赋能，它不仅为特斯拉电动车的FSD完全自动驾驶能力提供支撑，也能够为市场潜力非常大的特斯拉人形机器人提供底层技术支持。也就是说，Dojo已不仅是特斯拉用于训练自动驾驶模型的超级系统，它作为非常重要的基础设施，已成为特斯拉人工智能业务体

---

[1] TFLOPS 指每秒执行的万亿次浮点运算。

系发展的基石。

资本市场对 Dojo 同样抱有高期待。据 2023 年 9 月摩根士丹利发布的一份研报，由于 Dojo 为特斯拉节省了包括算力成本在内的高达 65 亿美元的成本，以及其在加速特斯拉自动驾驶方面的潜在增量与想象力，摩根士丹利认为 Dojo 未来将为特斯拉带来高达 5 000 亿美元的市值增幅。[1]

自动驾驶出租车

经过多年积累，智能驾驶已走到技术"奇点"的前夜，特斯拉有望在这一领域迎来自己的"ChatGPT 时刻"。2023 年 7 月，马斯克在 2023 世界人工智能大会上表示，特斯拉已"非常接近"实现完全自动驾驶。据马斯克透露，在美国的道路上，搭载 FSD Beta 完全自动驾驶测试版软件的车辆在主要场景行驶时，已很少需要人工干预。"特斯拉的车辆从一个目的地开到另一个目的地几乎无须人为操控，很快，特斯拉的车辆或许可以具备 L4 或 L5 级的完全自动驾驶能力。"

从安全性与便捷性上看，特斯拉现阶段的智能驾驶技术已赢得越来越多消费者的认可。从 2022 年年末开始，特斯拉在北美地区开放 FSD Beta 的订阅服务，在标配 Autopilot 自动辅助驾驶功能的基础上，越来越多消费者愿意为 FSD 完全自动驾驶能力付费。如前所述，截至 2024 年 4 月，搭载 FSD Beta 的用户车队已累计行驶了 10 亿英里。

---

[1] https://fortune.com/2023/09/11/tesla-market-value-surge-500-billion-dojo-supercomputer-morgan-stanley/

目前 FSD 完全自动驾驶能力可实现自动辅助导航驾驶、召唤、自动泊车、自动辅助变道等智能驾驶功能，以及让车辆具备进一步识别交通信号灯和停车标志、在城市街道中实现自动辅助驾驶等能力。FSD 完全自动驾驶功能订阅模式的推出，大幅降低了用户尝鲜的成本，进一步推动了 FSD 完全自动驾驶能力的普及。

放眼未来，自动驾驶出租车很可能成为自动驾驶技术率先落地的关键载体。在 2022 年第一季度财报电话会上，马斯克公布了 Robotaxi 电动车业务的关键进展："Robotaxi 将匹配 FSD 完全自动驾驶软件，Robotaxi 车辆或将采用无方向盘或无踏板的设计。"

在 2023 年召开的股东大会上，马斯克再度扩充了 Robotaxi 的概念，它不仅是一款专属车辆，通过软件更新，私人拥有的特斯拉也可以化身为 Robotaxi，"一夜之间，每辆特斯拉都可以具备这种能力"。2024 年 4 月初，马斯克在社交平台上发文表示，将于 8 月 8 日发布特斯拉 Robotaxi。

加拿大皇家银行预测，特斯拉 Robotaxi 的市场价值最高可达 8 700 亿美元。[1] Robotaxi 将解决道路安全、城市拥堵、停车难等问题。当 1 辆 Robotaxi 可以替代 5 辆私家车时，居民的生活环境也将得到显著改善。

就像在"绿色出行"的赛道一样，在自动驾驶领域拥有领先优势的特斯拉也正通过"开放"举措加速智能交通时代的到来。"特斯拉希望尽可能地帮助其他车企。我们在几年前就免费开放了专利。现在，我们正在向其他车辆开放使用特斯拉的超级充电网络。同时，我们也很乐意将 Autopilot 自动辅助驾驶功能、FSD

---

[1] https://wallstreetcn.com/articles/3693616

完全自动驾驶能力或其他特斯拉的技术授权给有需要的公司。"马斯克表示。

这是一个影响深远的决定。随着相关法规的完善，一旦将FSD完全自动驾驶技术授权给其他车企使用，也许一夜之间，300万辆、500万辆甚至1000万辆车就会实现完全自动驾驶。

近年来，中国自动驾驶相关产业和市场规模呈快速增长态势，自动驾驶技术由测试示范稳步迈向商业化应用。

在政策端，自2020年以来各部委一直在加快推动自动驾驶商业化应用相关政策研究，陆续发布了一系列政策文件。

2020年，交通运输部出台《关于促进道路交通自动驾驶技术发展和应用的指导意见》；2021年，工业和信息化部发布《关于加强智能网联汽车生产企业及产品准入管理的意见》；2023年，工业和信息化部等四部委发布《关于开展智能网联汽车准入和上路通行试点工作的通知》，文件覆盖汽车产品的生产准入和上路管理等车辆使用关键环节，自动驾驶汽车生产及使用管理政策逐步构建。

2024年年初，交通运输部又印发了《自动驾驶汽车运输安全服务指南（试行）》，从国家政策层面明确智能网联汽车可以用于运输经营活动，为中国自动驾驶技术的商业化应用按下"加速键"。

在智慧交通、智能网联的发展趋势下，中国车企积极参与其中，展开技术研发与测试。在2023世界智能网联汽车大会上，工业和信息化部副部长辛国斌曾介绍，2023年上半年，中国具备组合驾驶辅助功能的乘用车新车销量占比达到42.4%。中国累计开放智能网联汽车测试道路2万多公里，总测试里程超过7000万公里。[1]

---

1 https://www.gov.cn/lianbo/bumen/202309/content_6905530.htm

各大新势力和主流车企都在加码布局,并发展出不同的技术路线。

如今,中国用户已充分认识并体验到Autopilot自动辅助驾驶功能对于行车安全的重要作用,也一直在期待FSD完全自动驾驶技术进入中国,目前已出台的诸多政策支持无疑是一连串积极的信号。

第19章

从像机器到像人类

特斯拉人形机器人 Optimus 比心

自有文字记载以来，古今中外，人类对机器人的想象和探索从未停止。如今，工业机器人、服务于特定场景的功能型机器人已经渗透至人类社会的方方面面。

从广泛意义上来说，机器人具有感知、决策、执行等基本特征，可以辅助甚至替代人类完成危险、繁重、复杂的工作，提高人类的工作效率与质量，服务于人类的生活，扩大并延伸人类的活动及能力范围。

真正像人一样可以用双腿"行走"、用大脑"思考"的机器人何时会出现？

马斯克表示特斯拉就是一家人工智能和机器人公司，特斯拉打造的人形机器人Optimus正加速揭晓这个答案。

从智能出行到人形机器人

可以说，汽车行业是率先将机器人进行工业化落地的领域之一。2004年，美国国防部高级研究计划局（DARPA）发起了"DRAPA超级挑战赛"，要求参赛队伍研发出一种自动驾驶汽车，可以在荒漠中完成行驶任务。

脱离人为操控、实现自我行动——这与机器人的功能目的趋于一致，或者说自动驾驶和机器人一样，都是人工智能技术的载体。

自此，四个轮子的机器人——自动驾驶车辆走入大众视野，人工智能的研究和突破也为智能机器人的诞生奠定了基础。

近年来，具身智能的发展为智能机器人的研发开辟了新的路径。具身智能是指人工智能开始拥有身体并支持物理交互，能针对环境进行感知、思考、做出决策、发挥影响。

于是，作为人工智能孵化的又一领域，人形机器人走到了台前。相比功能型机器人，人形机器人具备泛用性特质：出行、扫地、做饭、护理，乃至陪你聊天，发挥情感价值。它是人工智能的集大成者，可以在工作、生活等方方面面极大地解放人力。

这也是为什么在自动驾驶领域深耕多年后，特斯拉将目光投向人形机器人领域。马斯克曾畅想："人类要做很多重复、危险的工作，这是人形机器人能够发挥最大价值的地方。随着时间的推移，人形机器人或许还能形成独特的个性，进而成为人类的同伴。"

基于应用广泛的功能场景，人形机器人产业将是一片比智能出行更大的蓝海。研究机构预测，人形机器人将主要被应用于制造业、社会服务、家政服务三大场景，2035年人形机器人全球市场将达到380亿美元。[1]

在2023年特斯拉股东大会上，马斯克表示人形机器人将是公司长期价值的主要来源之一。

第二代Optimus

2021年8月，特斯拉在人工智能日上首次公布人形机器人Optimus项目。当时特斯拉仅仅发布了一个概念，没有透露产品的具体信息。

仅一年后，在2022年特斯拉人工智能日，马斯克就为现场观众展示了一台人形机器人原型机，它能完成行走、搬运、识别

---

[1] https://www.goldmansachs.com/intelligence/pages/the-global-market-for-robots-could-reach-38-billion-by-2035.html

物体、浇花等简单任务。

2023年5月特斯拉召开股东大会时，Optimus已经学会像人一样结队行走，并可以完成更复杂的任务，比如抓取小物品、拧螺丝、单腿跳跃，甚至维修其他机器人。

再到2023年9月，特斯拉机器人官方社交媒体公布了最新一期视频，展示了人形机器人Optimus在控制能力和执行能力方面的最新进展。机器人已经能够自动校准它的手臂和腿，仅通过视觉和关节位置编码器，即可定位其肢体位置。机器人不仅能够依靠视觉对物体进行分类，还能完成高难度的瑜伽动作。经过精确的自校准，Optimus还可以更高效地学习如何完成各种任务。

2023年12月，特斯拉发布了第二代Optimus。第二代Optimus采用了全部由特斯拉自主设计和制造的执行器与传感器，大幅提高了机器人执行任务时的效率和精准度。具体而言，相较于一代Optimus，第二代Optimus的重量减轻了10千克，使得机器人在移动时更加轻便，同时减少了能量消耗。

第二代Optimus的平衡感和身体控制能力得到了显著改善，机器人在做行走、跳跃和搬运重物等动作时更加稳定自如。一个体现实力的细节是：不同于传统的一体脚掌，第二代Optimus的脚掌分为两个部分。如此一来，其走路的原理和姿态就更接近人类。特斯拉的研发团队还专门优化了机器人的运动算法，加强了机器人的动力系统，这让第二代Optimus的行走速度提高了30%，机器人在各种场景下的移动变得更加迅速且高效。

值得一提的是，第二代Optimus在减重、增速后依旧能够保持稳定性，这是因为特斯拉研发团队进行了大量实验和测试，创新性地使用了一种叫作PEEK的材料，这是一种热塑性聚合物材料，具有耐热、耐磨、耐腐蚀和高强度等优异性能。

在外观设计上，第二代Optimus也有了大幅度精细化改进。

流线型外观配备搭载了手指触觉传感器的双手，这使得机器人能够抓握更重的物体。有趣的是，第二代Optimus刚刚发布时，不少人都赞叹它"拿捏"鸡蛋的精细能力。因为第二代Optimus的双手十指都搭载了手指触觉传感器，所以能够做到用两指捏起鸡蛋。

"与车同源"的底层技术

和特斯拉"S3XY"系列的研发与量产经历相比，特斯拉在人形机器人领域的研发进展简直快得不可思议。究其原因，是因为机器人与智能车在技术和生产层面有诸多相通之处，机器人在核心的人工智能逻辑方面更是"与车同源"，二者可谓"技术共生"。

马斯克认为，具备自动驾驶功能的特斯拉电动车的本质就是智能机器人。Optimus采用与FSD完全自动驾驶能力相通的视觉感知方案和神经网络技术，以完成路径规划、物体识别等核心功能。也就是说，Optimus和特斯拉车辆使用了相同的"大脑"。

具体来看，特斯拉打通了FSD完全自动驾驶能力和机器人的底层模块，实现了一定程度的算法复用。FSD完全自动驾驶算法和技术让车辆能够在各种交通环境中感知、决策并采取行动，在机器人的感知、决策和行动方面，FSD完全自动驾驶算法和技术也能够产生重要作用。

FSD完全自动驾驶神经网络通过对实时传感器获取的数据进行处理分析，提取有关道路、车辆、行人和障碍物等方面的信息，实现车辆的环境感知和物体识别。FSD完全自动驾驶算法能够生成车辆的控制指令，包括加速、制动和转向等，这些能力和机器人对环境、道路和障碍物的感知、决策与行动所需的能力是一致的。

在感知层面，特斯拉的一项关键技术是Occupancy Network（占用网络）。Occupancy Network可以实现对三维空间中长尾障碍物的检测（长尾障碍物指环境中通过智能辅助手段仍难以检测到的海量障碍物），从而估测障碍物的位置、大小及运动情况。

特斯拉为FSD完全自动驾驶自主研发的Dojo超级计算机和D1神经网络训练芯片是训练Optimus的基石。Dojo可为Optimus提供大量算力支持、加快训练速度，同时降低训练成本。

在生产智能车辆的过程中，特斯拉已建立起完整的研发体系、制造体系和供应链系统，并可复用在人形机器人业务中。

在硬件方面，电动车的三电系统也能够复用在人形机器人上。第二代Optimus应用了特斯拉在电池、电机和控制模块上积累的技术，其躯干内置全身供电的2.3千瓦时电池包，采用4680电池；全身共配置28个驱动模块，拥有超过200个自由度，从而模拟人类的各种运动模式。特别是第二代Optimus的手部位置，配置了6个执行器，拥有11个自由度，像人手一样灵活。

在生产制造、供应链层面，特斯拉在电动车上已经积累的成熟经验也将被嫁接在Optimus上。经历了Model 3和Model Y的产能历练，特斯拉高度自动化和标准化的超级工厂可以为生产Optimus做好准备。成熟的供应链伙伴将为Optimus的量产提供助力。

特斯拉为何能够在人形机器人领域迅速崛起？Optimus项目负责人米兰·科瓦奇总结称："特斯拉大规模的人工智能训练和基础设施建设，以及多年来在汽车技术基础、电池、人工智能芯片和自动驾驶软件方面所做的工作起到了关键作用。"正如马斯克所说："车应该是一台装了轮子的机器人，同样，软件也可以转移到人形机器人身上。"特斯拉所做的工作就是将自动驾驶能力、人工智能技术等复用到更多领域，让技术发挥更大的价值。

当然，随着机器人变得更加智能，特斯拉也努力在系统中建立保障措施，以确保人工智能不会完全超越、取代或伤害人类，而是通过帮助人类完成诸多任务，成为人类的帮手。

马斯克在2022年人工智能日上表示："我们需要发展人工智能和机器人，但我们当然也不想创造出《终结者》里的那些机器人。因此，我们将投入大量资金，努力对人形机器人进行本地化管理。基本上，任何人都可以在本地关闭它，而且你无法改变这一点，它是有硬编码的。"

成为人类"双手与大脑"的延伸

事实上，机器人已经广泛融入人类社会，特斯拉在人工智能与人形机器人领域的探索正在推动数字文明向更高处发展。

工厂里的工业机器人可以完成搬运、装配和焊接等多种任务，家用的服务机器人可以用于清洁、烹饪、安保和娱乐。此外，战场上有军事机器人，医院里有医疗机器人。如果没有机器人，很难想象现代社会还能否维持高效运转。

在特斯拉上海超级工厂，每个生产制造环节几乎都能看到机器人的身影。截至2023年，上海超级工厂部分车间自动化率已达到95%。

Optimus将为我们的生活带来哪些改变？也许未来人类再也不用做烦琐的家务，能够告别高空作业等高危工作，不用额外学习一门语言就能全球畅行无阻，老人和孩子也将得到更妥善的照料。它将成为人类"双手与大脑"的延伸。

高盛测算，如果人形机器人每天的工作时间达到8个小时，那么到2030年，人形机器人将能够填补美国制造业劳动力缺口，到2035年将能够填补全球老年人护理的护工缺口。面对人口老龄化、劳动力短缺等重大社会挑战，开发先进的技术将是最合理的解决方案。人形机器人将为个体生活和人类社会带来深刻的改变。"我希望这种共生关系会使数字智能和生物智能同时受益。"马斯克说。

为实现这一目标，和智能电动车一样，特斯拉也高度关注Optimus价格的亲民性，它的成本甚至比特斯拉电动车的成本更低。据马斯克预测，Optimus的成本为2万~4万美元。

从智能电动车到智能人形机器人，特斯拉从来都无法被简单定义。我们能确定的是，特斯拉是一家关注人类命运、探索未来技术方向的企业，并希望通过推动人工智能的发展，助力人类拥有更加美好的未来。

第20章

上海超级工厂:"效率标杆"

特斯拉上海超级工厂

从上海浦东机场沿绕城高速行驶约40分钟，就到了位于机场西南方向的泥城镇，小镇的西南角曾经是一片不起眼的农田。2018年10月，特斯拉上海超级工厂正式落户在这片编号为上海临港装备产业区Q01-05地块的土地上。自此，特斯拉和这个小镇都按下了发展的加速键。

2019年1月7日，上海超级工厂破土动工，并实现了当年开工、投产、交付的行业奇迹，创造了令业界称赞的"上海速度"和"特斯拉速度"。不到三年时间，2022年8月，上海超级工厂第100万辆整车下线，再次创下世界工业史上的又一纪录。仅时隔13个月，2023年9月，特斯拉就实现了第二个100万辆整车下线。

2023年5月31日深夜，时隔三年再次来到中国的马斯克在紧密的行程中，依旧安排了上海超级工厂的员工大会。他一到场就感谢了上海超级工厂和中国的所有员工，并称赞"在全球范围内，上海超级工厂不仅是效率最高的工厂，也是制造品质最优的工厂"。

如今，这个中国首个外商独资整车制造项目、特斯拉首个在美国之外的超级工厂，已经成为特斯拉全球产能最大的电动车生产基地，是特斯拉最主要的全球出口中心。2023年的相关数据显示，中国每出口4辆电动车，就有1辆来自特斯拉上海超级工厂。[1]

30多秒下线一辆整车

工厂是制造机器的机器。马斯克曾说："与设计一家工厂所需

---

[1] 2023年特斯拉上海超级工厂出口量超过34.4万辆电动车，https://www.jiemian.com/article/10713494.html；2023年中国纯电动乘用车出口量达到154.72万辆，https://mp.weixin.qq.com/s/MgVQdLC_dpqMldg2p20x2w。

的脑力劳动相比,设计车的脑力劳动不值一提。"倘若工厂作为一级产品的生产工具,能够发挥更大的价值,它所打造的二级产品——电动车,也将能通过提质增效等形式在消费市场中更具竞争力。

上海超级工厂占地86万平方米,和传统汽车厂相比,规模远远算不上庞大,但是其年产能已经在2023年超过95万辆。能够拥有这样的效率,是因为在最初设计上海超级工厂时,特斯拉就坚持把每个环节的效率做到极致,甚至是在"向空间要产能"。

作为特斯拉第一座"从零打造"的整车工厂,俯瞰之下,上海超级工厂形如一艘巨舰,采用"Under One Roof"设计[1],并大幅减少了上下、转弯次数,制造效率大幅提升。车间内双层厂房的设计大幅提高了空间使用效率,几个生产制造环节被整合在一起,平面和立体空间均可得到高效利用。

想要提高产能,除了科学的工厂布局,还需要高效的物流系统配合。特斯拉上海超级工厂独特的"轮子上的仓库"物流系统,通过流动的集装箱节省了几乎所有的车间内仓储面积。特斯拉没有在车间或厂区内建设仓库,而是用流动仓库代替固定仓库。卡车把载满物料的集装箱运送到车间,直接将集装箱卸在车间外部"凿"出的"码头"道口上,接着再去运送其他物料。

如今,上海超级工厂内设有数百个道口,厂区内每天都有数千辆物流车穿梭往来。特斯拉则通过一套精密的电子管理系统来规划行车路线,实现场内与场外物流系统的高效协同。

特斯拉运用数字孪生技术,对场地内人员、箱体和库位等对象建立数字模型,利用机器视觉等手段计算位置、业务状态等

---

[1] "Under One Roof"设计指将几大车间集中于一个巨大的空间内。

数据，实时更新模型，并结合物流和仓储业务系统，实现场地情况在线观测与自动调度，这有效减少了场地内人员流动。相较传统的现场人工盘点，操作人员可在线实时观测场景情况，自动调度触发业务指令，实现场地智能化、精益化管理。

此外，自动化产线也极大地提升了特斯拉的生产效率。以往数千人才能达成的传统生产线工作效率，如今特斯拉只需要几十人即可完成。在特斯拉焊装车间，自动化率大约为95%。

Model 3/Y的底盘部分采用的是被称为自动引导载具的转运设备，直接被精准停放到座舱下方，由现场工人操作完成底盘与座舱之间的结合，节约人员成本。

同时，特斯拉采用了垂直一体化的生产模式，自主研发和制造电池、电机、电控等核心零部件，从而实现了整车生产的自主可控。这种高度集成化的生产方式使得工厂运作更加高效，也大幅缩短了生产周期。

"特斯拉并不会依据过去的做法思考如何改进，而是注重从第一性原理出发，思考什么是最优解，消费者真正需要什么。这种思维方式使得特斯拉能够摆脱传统思维束缚，追求创新。"特斯拉生产制造副总裁宋钢在接受媒体采访时曾表示，"不仅如此，特斯拉还经常进行跨行业的探讨，试图将其他行业的最佳实践和高效解决方案融入汽车制造过程，从而超越自己过去的做法，以更高效、优质的方式生产电动车和管理生产线。"

2023年起，上海超级工厂只需要30多秒就能下线一辆整车。

质量管理和供应链把控

品质是所有工厂的立身之本。上海超级工厂的优秀品质源于其先进的质量管控体系,这一体系由三大基本面共同支撑:一是数字化、智能化的生产制造控制系统,二是细致严格的质量检测环节,三是AUDIT评审环节。

数字化、智能化的生产制造控制系统在产品质量精细化管理方面发挥了重要作用,它实现了数据采集和精确追溯等功能。数据采集系统实现了从细节到整体的全方位数据收集,不仅能够全方位监控和管理,还实现了整车工厂与全供应链零件尺寸检测数据的实时采集。该系统支持自动进行大数据分析,对尺寸偏差进行预判。精确追溯系统则会对关键工位的安装及过程相关参数进行监控和记录,每个关键零件都有二维码,可以支持追溯生产过程数据查询和分析,甚至可以追溯每颗螺丝拧紧的圈数和角度。

在制造环节,焊接质量决定了白车身的整体质量,而车身是整车的重要总成,车身质量将直接影响整车的使用寿命。特斯拉上海超级工厂对车身的检测极其严格,不仅会对车辆进行抽检破拆,检验焊点焊缝的结构强度,而且会用超声波检测每个白车身的焊缝强度,通过超声波的回声判断焊缝的情况。超声波检测不但不会损坏车身,还能循环检测,达到接近100%的检测覆盖率。目前,上海超级工厂还采用数字化技术监控每个焊点的电流、电压等全程参数,用人工智能算法来判别焊点的质量,做到全过程实时检测。

之后,每辆车在出厂前需要经过多个环节(四轮/灯光检验考察、侧滑ADAS标定、转毂测试、底盘/安规检测、坏路涉水)的检测。最后,AUDIT评审则是由经过专业训练的评审员站在用户的立场,以专业、严苛的眼光对已确认合格的整车进行随机抽样质量评价。

此外,特斯拉通过简约设计和极简工艺来提高生产效率、降低制造成本,从而实现大规模工业化生产。这种新的生产模式和理念也被引入供应链体系，这让特斯拉上海超级工厂从供应链阶段便实现了大规模的高质量生产，成为以极高标准和要求建立的工厂。

特斯拉还创建了供应链智能决策与可视化平台，通过接入供应商生产数据，让供应商数据和特斯拉的数据实现对接、保持透明，打破数据壁垒和不对称。借此，特斯拉可以通过数据，分析供应商的生产效率和质量分布，还可以利用人工智能提高供应商的良品率。

正是这套严格的质量管理和供应链把控体系，让特斯拉上海超级工厂实现了全过程质量数字化监控、智能化分析和预防工作，也真正让特斯拉上海超级工厂做到了高品质。

"生态圈"助推

不断突破的产能与技术革新充分证明了"上海+特斯拉"组合的可行性。这些里程碑的背后，与上海超级工厂一起成长的还有它的"生态圈"：特斯拉的供应链体系横跨江浙沪三地，从临港新片区向外辐射至苏州、宁波、南通等长三角地区城市，涵盖电池、汽车芯片、自动辅助驾驶系统、汽车内饰、精密加工等新能源车零部件的全生态链。

在强大的"生态圈"的助推下，特斯拉上海超级工厂零部件本地化率超过95%，仅签约的本土一级供应商就超过400家，更通过供应链带来了10万个就业岗位。此外，特斯拉还帮助其中至少60家企业进入特斯拉全球供应链体系。

"特斯拉在中国的成功，更大层面上代表了中国供应链的成功。"宋钢曾多次对媒体表示，"特斯拉与供应商的关系不是冷冰冰的'甲方'与'乙方'、'买方'与'卖方'。我们提出了一个口号，用来描述特斯拉与中国供应商的关系，那就是'同生共赢'。"

在与上海超级工厂的合作中，中国本土的供应商大多展现了四个特点：第一，他们愿意与特斯拉合作；第二，他们愿意突破一些传统做法；第三，他们愿意在技术方面进行投资；第四，他们愿意在特斯拉的指导下进行必要的转变。这些特点使特斯拉能够与供应商建立不分昼夜的紧密合作，共同推动项目工程、自动化生产线、质量控制等方面的提升。

正是基于这样的合作，上海超级工厂以非常快的速度推动产能提升、完成生产爬坡，并不断提高整车和零部件的质量水平、满足全球多个市场消费者的需求。

供应商通过与特斯拉的合作，同样获益良多。在特斯拉的支持下，供应商实现了生产线效率的提升，避免了高额的前期投资。此外，特斯拉将经验和理念传递给供应商，供应商的数字化转型进程明显加快，帮助它们提升效率、改进过程控制，共同推动产品质量的提高。

如今，特斯拉打通了全国范围的产业链体系，形成了"安全、自主、可控"的产业生态。企业的集群效应越发明显，这也进一步助力了临港乃至上海相关产业的发展。

2021年5月，18个智能新能源电动车产业项目集中签约落地临港，总投资超过160亿元。同年，智能新能源车产业发展成为该片区的千亿级产业集群。2023年，临港新增签约特斯拉储能项目等重大前沿产业项目86个，总投资达885亿元。据临港新片区管委会提供的数据显示，4年来，包括特斯拉上海超级工厂在内，临港的新能源车年产值已突破2 300亿元。[1]

---

[1] https://news.sina.com.cn/zx/2024-04-09/doc-inarezcw6523787.shtml

如今，越来越多的企业入驻泥城，中国电动车产业也因此上升到了新高度。自2019年以来连续4年，临港GDP年均增长21.2%，规模以上工业总产值保持30%以上的增长速度，已成为上海经济发展的增长极。未来，临港规模以上工业总产值还将继续保持高增长，到2025年产业规模将达5 000亿元以上。

临港的高速增长也形成了对人才的吸引力。数据显示，新片区自2019年起累计引进、落户人才57 839人（次），仅2023年1—7月就引进、落户人才19 170人（次），同比增长73.64%。

第 21 章

迭代工厂和产能

特斯拉上海超级工厂内的生产线

2030年，特斯拉要实现年产2 000万辆电动车的目标。马斯克曾多次提到这一目标，在特斯拉看来，这看似困难，但"并非不可能"。

2024年3月，特斯拉全球累计产量突破600万辆。相比首次实现100万辆电动车下线用了12年，第二个100万辆用时18个月，第三个100万辆用时11个月，第四个100万辆更是仅用时7个月，第五个100万辆仅用时6个月，第六个100万辆用时不到6个月。

如今的特斯拉已在全球范围内布局多座工厂，正是这一座座能够"自我进化"的超级机器支撑着特斯拉产销量持续增长，助推电动车走入千家万户。2023年全年，特斯拉累计交付电动车181万辆，同比增长38%，但这还只是个开始。"特斯拉将在全球总共建成10~12座超级工厂，每座超级工厂年产电动车预计将达到150万~200万辆。"马斯克在2022年股东大会上表示。

全球布局9座工厂

截至2023年年末，特斯拉在全球范围内已布局9座工厂，生产的产品涉及电动车、电池、光伏、储能等多个领域，乃至锂精炼业务。其中，电动车的生产主要集中在特斯拉的三大主要销售市场——北美、亚洲和欧洲，包括弗里蒙特工厂、得州超级工厂、上海超级工厂和柏林超级工厂4座电动车工厂，截至2024年第一季度，年产能超235万辆。

在2023年3月的特斯拉投资者日上，特斯拉公司高级副总裁朱晓彤表示，特斯拉一直在寻求机会，努力改善制造链条的每个环节，力争让每个超级工厂生产能力达到每年200万辆甚至更高。

推进工厂建设听上去容易，实际上是充满挑战的事业。特斯拉实施非常严格的工厂智能标准、设备综合效率标准、车辆生产效率标准和故障率标准。特斯拉的生产高标准深深刻入每个人的理念，朱晓彤表示："特斯拉强调质疑精神，在不断质疑中找到解决问题的正确方法，一直做减法——简化、优化，这是特斯拉能够如此高效建立工厂的重要原因。"

弗里蒙特工厂是特斯拉电动车产能的起点。2010年10月，特斯拉以4 200万美元的价格从丰田手中收购了已经停止运营的新联合汽车制造公司的工厂，并对其进行了大刀阔斧的改造。两年后的2012年，第一辆Model S下线。目前，弗里蒙特工厂生产"S3XY"全系电动车产品，截至2024年第一季度，年产能65万辆。根据彭博社的数据，弗里蒙特工厂的生产效率已经在2021年超越了多家车企在北美的汽车工厂，这座历史悠久的工厂在特斯拉手中重新焕发了生机。

紧随其后的是坐落于亚洲的中国上海超级工厂，这也是第一家特斯拉独立设计的、在美国本土以外的超级工厂。2019年，上海超级工厂实现了当年开工、当年投产、当年交付，创造了备受瞩目的"特斯拉速度"。上海超级工厂作为特斯拉全球出口中心，主要聚焦于Model 3/Y两款车型的生产，截至2024年第一季度，年产能超95万辆，产品在中国、亚太其他地区和欧洲多个市场销售。

上海超级工厂建成后，特斯拉很快又决定在德国柏林和美国得州建造超级工厂，作为对欧洲市场的产能覆盖和对北美市场的产能补充。

2022年3月，柏林超级工厂正式投产，主要生产Model Y，截至2024年第一季度，年产能37.5万辆。这是特斯拉在欧洲建

秘密宏图第二篇章

设的第一座工厂，在欧洲市场，Model Y 是 2023 年多个单月卖得最好的电动车，特斯拉品牌也是欧洲 14 国的绿色出行首选。

2022 年 4 月投产的得州超级工厂是特斯拉在美国的第二座车厂，也是特斯拉截至 2024 年占地面积最大的超级工厂，总面积达 2 500 英亩[1]，相当于 11.7 个上海超级工厂，主要用于 Model Y 和赛博越野旅行车的生产。截至 2024 年第一季度，年产能超 37.5 万辆。

表 3 特斯拉超级工厂生产情况

区域	工厂	年产能（万辆）	生产车型
北美	弗里蒙特工厂	10	Model S/Model X
		55	Model 3/Model Y
	得州超级工厂	>25	Model Y
		>12.5	赛博越野旅行车
	内华达超级工厂	—	Semi
	墨西哥超级工厂	—	规划中
亚洲	上海超级工厂	>95	Model 3/Model Y
欧洲	柏林超级工厂	37.5	Model Y

同时，得州超级工厂也是特斯拉新的全球总部，是毋庸置疑的特斯拉"大事件"中心。自正式投入使用以来，这座工厂见证了特斯拉一个个重要的历史性时刻：2022 年和 2023 年连续两届年度股东大会、2023 年投资者日、"秘密宏图第三篇章"的发布和首批赛博越野旅行车的交付。

电动车电池则主要由内华达超级工厂生产，该厂也是马斯克有

1　1 英亩约等于 4 046.9 平方米。——编者注

关超级工厂设想的最初实践。特斯拉早已认识到保持动力电池的稳定供应至关重要，因此，2014年特斯拉宣布建设一座大型电池制造厂。3年后，内华达超级工厂正式投产，主要生产21700电池和电动车的动力总成，还负责生产特斯拉电动商用卡车Semi。

此外，随着电动车行业的爆发，锂等稀有金属的供应能力、提炼技术等将影响电动车的进一步普及。美国锂桥联盟预计，到2030年，全球锂电池需求将增长5倍以上。

马斯克认为车用级锂的供应能力将成为制约电动车行业发展的最大瓶颈，为此，特斯拉决定自建锂精炼厂。2023年5月，特斯拉为位于得克萨斯州科珀斯克里斯蒂的锂精炼厂举行奠基仪式。该工厂占地1 200多英亩，距离得州超级工厂只有约3个小时的车程。此外，该厂的目标是为100万辆车提供车用级锂，届时将成为北美最大的锂加工厂。

电动车产业之外，光伏相关产品由纽约超级工厂负责生产。纽约超级工厂也是特斯拉业务"不止于车"的开端：2016年，特斯拉收购了太阳能屋顶安装商SolarCity。作为收购的一部分，特斯拉接手了位于纽约州布法罗市的一家大型太阳能光伏板工厂，并把这座工厂改造成了纽约超级工厂。2017年8月，纽约超级工厂投产，主要生产太阳能屋顶、太阳能光伏板和超级充电桩电气组件。

马斯克曾说，从长远来看，特斯拉能源业务的规模将与电动车业务大致相同。而能源业务除了光伏，还有储能。目前Megapack是特斯拉最重要的储能产品，位于加利福尼亚州的拉斯罗普储能超级工厂则是特斯拉第一家专注生产Megapack的工厂。特斯拉在2023年第二季度财报中指出，财报期内的储能装机容量同比增长222%，达到3.7吉瓦时，这主要得益于拉斯罗普储能超级工厂的产能提升。"这家产能可达40吉瓦时的储能超级工厂——也是我们众多储能工厂中的第一家——产能增长有目共睹,但距离它满负荷生产依然还有很大的增长空间。"

特斯拉的第二家储能超级工厂落地中国上海,这也是特斯拉在美国本土之外的第一家储能超级工厂。2023年4月,上海储能超级工厂正式立项,初期规划年产Megapack 1万台,储能规模约40吉瓦时,产品供给范围覆盖全球市场。上海储能超级工厂将为特斯拉的可持续能源进程提供又一重要助益。

可持续的绿色准则

在利用技术革新提高生产力的同时,打造可持续型的绿色工厂也是特斯拉的重要目标之一。特斯拉着力建立产品全生命周期的绿色低碳发展战略,在工厂建设全过程中,可持续发展这一理念贯穿始终,特斯拉力争使每个新工厂都比前一个工厂更具可持续性。

在产品设计和原材料采购阶段,特斯拉优先使用绿色环保和再生材料,在减少资源开采和生产排污的同时,减少碳排放。在生产制造阶段,2022年,特斯拉是全球单车生产制造用水量最低的厂商之一,单车用水量同比降低15%。特斯拉还通过提高水资源利用效率,例如采取雨水及冷凝水收集、工厂循环用水等措施,不断夯实生产过程中的节水目标,即便算上生产电池的用水量,特斯拉依然是单车用水量最低的厂商之一。

同时,特斯拉的工厂也在从源头减少废水的产生和排放。以上海超级工厂为例,空压站、冷冻机组、焊接机器人等冷却过程均采用循环冷却水,工业用水循环利用率高达98%,每年可实现回收中水超过40万吨。排放的废水中绝不含有一类重金属,避免重金属污染环境，在上海超级工厂内甚至还有一个养着锦鲤的鱼缸，养鱼的水就是特斯拉处理过的废水。此外，上海超级工厂的水源热泵热回收系统应用项目被评为2023年上海市余热利用十大优秀案例。

特斯拉还铺设太阳能屋顶，为生产提供清洁电力。截至2022年年底，特斯拉已安装0.5兆瓦太阳能光伏板为超级工厂的部分生产供电，并利用人工智能控制系统提高能源利用效率，进一步减少生产环节的碳足迹，在制造过程中，单车碳排放同比减少30%。

2023年年底，这一数字已增加到10.98兆瓦。不仅如此，特斯拉也在竭尽全力地发挥供应链的积极影响。以资源节约和循环利用为导向，特斯拉强调"资源→产品→再生资源"的反馈式流程，努力做到低开采、高利用、低排放。以中国市场为例，特斯拉回收利用全国门店维修中心和工厂的报废电池，经过处理后提取可回收部分，重新回到供应链用于生产制造，减少矿产的开采，将对自然环境的影响降低到尽可能小的程度。

特斯拉坚信，原材料的循环利用是向可持续能源经济过渡的可行方式。正如前文提及的，在特斯拉全球工厂生产过程中，90%的废弃物可以被回收利用。在上海超级工厂，所有的固体废弃物都具备回收价值。特斯拉也将"绿色供应链"作为一项核心工作推进，每家供应商都在向着低碳环保的方向前进。

"工厂是特斯拉最重要的产品"

特斯拉超级工厂也给所到之处带来了繁荣。

"这就像中了彩票……"奥斯汀地区制造商协会CEO埃德·拉特森说。早在特斯拉确认将在得州建设超级工厂时，该项目就受到了州长格雷格·阿博特、奥斯汀地区制造商协会、职业培训项目负责人和当地多个劳工团体的称赞。

数据显示,截至2022年年底,特斯拉得州超级工厂已为工厂所在地特拉维斯县提供了超过15 000个就业岗位(包含供应链),并使数百家供应商受益。特斯拉创造的工作岗位也使员工和当地经济受益,仅2022年,特斯拉就为当地带来了超53亿美元的经济产出。

同时,特斯拉得州超级工厂正帮助奥斯汀成为清洁能源技术中心,进一步提升奥斯汀作为可持续发展领导者的声誉,从而吸引其他清洁能源领域的企业入驻。

"特斯拉未来计划在奥斯汀雇用多达6万名员工,为增加赛博越野旅行车产量做好准备。"特斯拉得州超级工厂制造总监贾森·肖汉表示。

这也难怪不少国家和地区都向特斯拉伸出橄榄枝,希望特斯拉的下一座超级工厂可以花落自家。

在2023年投资者日,特斯拉宣布将在墨西哥东北部城市蒙特雷建造下一座超级工厂,这将是特斯拉的第五座电动车工厂,也是第六座超级工厂。

选址墨西哥并不是一件令人意外的事情。首先,墨西哥地缘优势明显——连接北美洲和南美洲、锂资源丰富、劳动力成本低……同时享受《北美自由贸易协定》带来的零关税及《通胀削减法案》下税收减免等政策优惠。其次,墨西哥本身具备深厚的汽车产业基础。数据显示,墨西哥是全球第六大汽车制造国,2022年乘用车产量达到330万辆,并主要向北美地区出口;汽车零部件产值达到1 105亿美元,位居全球第四。中国一些车企近年来也在加大对墨西哥的投资。

马斯克说,特斯拉一直将超级工厂当作产品来打造,致力于让每座新工厂都能实现更高的效率，生产质量更优、成本更低的产品。作为特斯拉最新落地的超级工厂，墨西哥超级工厂将在已有超级工厂的实践基础上继续迭代。备受瞩目的特斯拉下一代车型也有望在墨西哥超级工厂生产，这款更多地面向大众市场的新车带来的将会是更具创新性的生产模式。

根据特斯拉在2023年投资者日公布的信息，不同于汽车行业目前广泛应用的福特流水线生产模式，特斯拉下一代车型的生产将应用一次性组装模式：把汽车分成不同部分进行生产，涂装、总装工序将不再采用串行模式，而是采用并行模式，最终只需要进行一次组装。

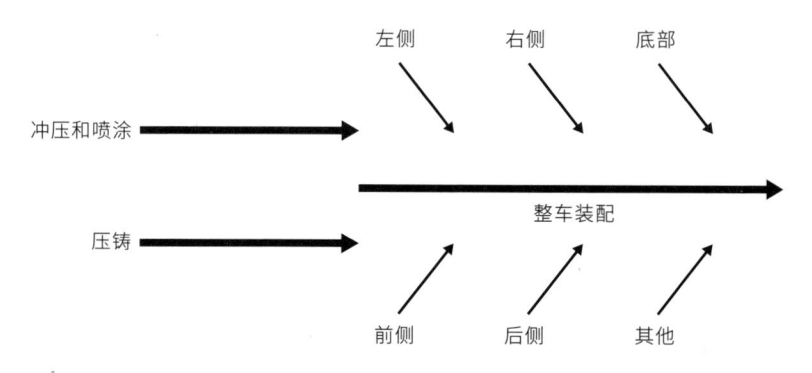

图1 并行模式

资料来源：特斯拉，2023年投资者日，https://digitalassets.tesla.com/tesla-contents/image/upload/IR/Investor-Day-2023-Keynote，2023年10月11日下载。

这一生产模式的创新将大幅提升生产效率并降低生产成本。特斯拉预计，通过一次性组装模式，预计可实现：操作密度提升44%，空间和时间效率提升30%，工厂占地面积减少40%，下一代车辆平台的成本降低50%。

对于这样一款关键产品，特斯拉已经为其规划了强势的产能。墨西哥超级工厂将成为特斯拉在北美新的主力工厂，也将成为特斯拉实现2030年年产2 000万辆电动车这一目标的重要支柱之一。

特斯拉希望通过全球超级工厂带动整个行业的发展。"目前，全球电动车保有量不到1%，只有2 000万辆，而路上跑的燃油车有20亿辆左右。实现核心使命，任重而道远，无论是在电动车，还是在可持续能源领域，都需要持续深耕。"马斯克本人也在2023年6月的法国创新科技沙龙展上向整个行业发起号召。

第22章

硬核研发的底层逻辑

马斯克曾说："评价技术的正确方式不是将其与竞争对手的技术比较，而是与物理学极限比较。"无限趋近于物理学极限，这便是特斯拉研发的底层逻辑。

无论是在电动车全栈技术、发电储能、人工智能等赛道，还是具体到每款产品技术细节的落地过程，特斯拉的硬核研发实力都是行业标杆。正如前文所介绍的，这类例子不胜枚举：从对关键零部件供应链进行垂直整合以提升效率，到重新规划设计底盘和电池包，再到实现改变行业的电子电气架构变革、一体化压铸技术应用、线束系统革新、电池的系统性创新，以及采用纯视觉方案开发自动驾驶技术。

特斯拉卓越的技术能力和产品的背后是持续的大力度研发投入。以2023年为例，特斯拉全年研发投入39.69亿美元（约284亿元），同比增长近29%，创下了其自成立以来的新高。自2011年特斯拉公布财报至2023年，特斯拉研发总投入已达180.41亿美元（约1 294亿元）。

比这些巨额投入更强大的是特斯拉的研发思路和研发体系，这是确保每笔经费都可以物尽其用、每个人才都可以大展拳脚的智慧来源，也是特斯拉难以复制的核心竞争力。

专注从0到1的硬核研发

汽车工业发展百年，不可谓不成熟，但这也让很多车企的研发止步于在供应商提供的零部件和现有的成熟方案中挑选和组合。这样做出来的产品与其说是原创开发，不如说是组装式生产。

在电动车领域，电池、电机、电控、安全及自动驾驶相关的研发是困难的，资金投入也是巨额的。可能投入了上百亿元的研发成果是用在了消费者走进体验店时"肉眼不可见"的地方，比如车辆的内部骨架结构、线束、电池管理等，它需要人们深度试驾，甚至在日复一日的真实驾驶体验中才能感受到，这也是为什么特斯拉能在车主和车友群体中形成良好的口碑。

给消费者营造奢华的车辆内饰和氛围其实并不困难，成本也并不高昂，因为这些都已经是很常见的做法，并没有高深的技术难题。把更多的资金投在哪里是一道选择题，特斯拉的答案显而易见，从第一性原理出发，专注从0到1的硬核研发，并且通过开放战略推动行业一起进步。

作为特斯拉的CEO，马斯克领导着公司电动车、能源和人工智能的所有产品设计、工程和全球制造，他依然扮演着公司内最疯狂、最执着的工程师角色，对每一款产品、每一项技术了如指掌。马斯克曾多次明确产品创新的目的和意义：研发不是盲目的，不是为了创新而创新，而是为了不断改善甚至重构制造，提高产品力的同时降本增效，进而推动可持续能源产品在更大范围内普及，加速世界向可持续能源的转变。马斯克曾说："特斯拉在研发上花的每一分钱，都要能够发挥最大效益。"

不少公司的创新逻辑倾向于锚定竞争对手的打法，调整自己的策略和节奏。这种方式难以真正解决底层问题。而且，对于大多数车企，过去的经验已经成为难以甩掉的包袱，出于节约成本的考虑，他们也更倾向于持续采购供应商固有的零部件和解决方案，这样的研发只能在现有基础上进行修补，并不能在本质上实现创新。

在特斯拉，创新来自对过往经验的质疑，研发是面向未来的，目标也不由竞争对手制定。工程师们会深度思考在物理定律的可能性下还有多大的技术进化空间,从而设定产品研发目标,实现外界认为"不可能"实现的底层创新。

在介绍赛博越野旅行车时提到的对低压架构的改造就是特斯拉技术前瞻性的一个案例。2023年3月,特斯拉宣布计划全面转向48伏低压架构,减少线束,提升效率。如今特斯拉已通过赛博越野旅行车成为第一家实现48伏低压架构批量生产的企业。

以物理定律为标准,全局性、系统性地思考研发创新,重新设计每个子系统和局部环节,这是特斯拉研发创新的一项核心要义。在许多公司,研发团队更聚焦于自己的业务领域,因此工程师就会提出"这个制造环节的最佳材料是什么"这样的问题,然后给出一个从局部看正确但从整体看错误的回答。马斯克则希望每个人都是总工程师,从更高层面理解整个系统,这样才能意识到一个糟糕的"优化"是如何产生的,才能进行五步工作法中的第一步——确认需求的合理性。"如果单独考虑每个部件,那么造出来的产品就会看上去像《弗兰肯斯坦》中的科学怪人。"

特斯拉硬件设计工程副总裁彼得·班农也有过类似的表述。造电动车的特斯拉之所以要进入能源、机器人领域,甚至进入人工智能领域,正是全局性、系统性思考一项事业的典型例证。在班农看来,电动车、机器人、能源、人工智能等方面的研发是特斯拉实现秘密宏图愿景的不同方面,它们组成了一个庞大的系统工程。

"我经常被问到为什么一家电动车公司要建造超级计算机进行训练,提问者从根本上误解了特斯拉的本质。从本质上讲,特斯拉是一家硬核科技公司,整个公司都在从科学和工程的角度,努力加深对电动车制造、能源解决方案、机器人及如何改善人类现状的理解，并寻求更好的解决方法。"班农在2022年人工智能日上介绍道。

跨团队合作与本土化发展

在研发方面，另一项特斯拉显著区别于大多数公司的是其合作机制。特斯拉车辆工程副总裁拉斯·莫拉维曾表示，在特斯拉，从一辆车的设计之初，设计、工程、制造、自动驾驶等团队就一起工作，打磨流程，"他们不会互相指责，而是共同解决问题，这一点很重要，这是研发创新最好的方式"。拉斯·莫拉维曾在多家拥有顶级制造能力的公司工作，但在那些公司里，每个研发团队各自为战，从不坐在一起工作。在特斯拉，不仅是工程师们，马斯克及众多技术高层已经习惯于与工程团队一起挨着生产线办公，这便于他们快速识别问题、开拓创新，短时间内实现诸多重大技术突破。

这种团队与部门之间的合作也体现在知识的借鉴共享上。特斯拉的研发团队不仅对自身领域钻研极深，还能做到跨行业技术理念与知识的融会贯通。比如，Dojo超级计算机冷却系统的研发就借鉴了车辆冷却系统和八通阀研发过程中积累的经验与知识；车身电池一体化的设计脱胎于对飞机机翼结构如何被用作油箱的借鉴；特斯拉研发和工程团队也会研究其他非汽车行业里生产线的运作，从中发现新的可能。

马斯克认为，产品研发实际上能够反映企业文化方面的问题，研发能力的强弱能够反映一个组织的健康程度。马斯克鼓励包括工程师在内的所有员工遇到问题畅所欲言，主动挖掘流程中的不合理之处、限制创新萌发的机制，目的就是尽一切可能提升产品、零部件及生产制造的质量和效能。马斯克表示："特斯拉的内核就是研发，可以说从整体上看，它就是一家研发公司。"

2023年2月，特斯拉全球工程总部在加州帕洛阿尔托成立，马斯克在揭幕仪式上形容特斯拉将在这里"为人类打造一个更好的未来"。特斯拉的自动驾驶技术、芯片开发、人形机器人研发及下一代平台的设计研发也都在这个工程总部展开。

本土化研发是特斯拉服务于本地市场的重要战略。特斯拉上海研发创新中心现阶段专注于特斯拉在中国市场的软硬件、流程和技术的开发工作，同时承担中国市场的应用适配和标准测试，并参与全球机器学习的相关研发工作。在这个中心，特斯拉可以进行独立的、针对中国市场的创新开发，直接与中国的先进科技与研发人才进行交流无疑也有利于增强特斯拉在全球市场的竞争力。并且，上海研发创新中心就位于上海超级工厂内部，工程师从工位到产线只需要5分钟，这意味着产线上的任何需求都可以得到研发团队的即时响应和支持。

在建设落成上海研发创新中心的同时，特斯拉还建成了上海超级工厂数据中心，用于存储工厂生产等中国运营数据。特斯拉在数据安全领域所做的探索，亦为中国智能汽车行业的数据安全保护提供了思路与参考。

在柏林，同样有特斯拉的研发团队在做本土化的研发工作，与柏林超级工厂的生产制造齐头并进。

特斯拉的研发创新有非常紧凑的时间表，天下武功，唯快不破。"从长远发展来看，研发创新的速度和步伐最为关键。"马斯克曾为特斯拉的研发节奏如此定调，"如果你的创新速度够快，别人就只能复制几年前的你。"

研发、设计和工程团队紧密交织协作，效率决定了特斯拉可以仅用20年的时间，就将电动车从一个小众品类做到具有重要市场地位的大市场，带动全球新能源产业崛起。

除了电动车核心的三电系统，特斯拉研发投入最高的就是自动驾驶技术。与线性爬坡式增长的汽车制造不同，人工智能的发展是指数级的。特斯拉多年来重点投入人工智能领域，包括Dojo超级计算机、自动驾驶、数据中心等，这些将在未来确保其长期保持优势地位。马斯克表示："2024年，特斯拉将会投资约100亿美元用于人工智能的训练和推理，而推理主要用于电动车。"

研发人才的吸引与激励

特斯拉研发的底层逻辑及高效协作体系，无疑给了不同职业阶段的研发人员极佳的成长空间。他们每天合作共事的是全行业的最强大脑，研发成果不但有世界顶级的工程制造团队落地，还可以及时收到全球数百万用户的反馈，这在其他公司或者机构的研发体系中是难以实现的。工程师的个人价值和职业理想在特斯拉都得到了最大的满足和提升。

特斯拉也因此成为工程师们向往的公司，《特斯拉2022年影响力报告》指出，特斯拉对北美工程类专业学生的吸引力在科技公司中排名第二（第一名为Space X）。

特斯拉中国研发高级总监王文佳表示，如果说特斯拉的招人标准是"奥林匹克选手"，那么特斯拉研发则要招到"奥林匹克奖牌选手"。特斯拉中国研发团队招来的几乎都是金字塔顶端的行业人才，是专业水平超过90%~95%业内同行的顶尖人才。特斯拉也会从高等院校招聘数学、物理等基础学科领域的人才加以培养，形成人才的金字塔梯队。而在人才考核方面，特斯拉秉承第一性原理，考察应聘者的数学、物理、化学等学科的基础能力。

想要进入特斯拉研发团队，基础知识和核心能力必须过硬。

在特斯拉中国做研发，就是在实战中训练，研发人员可以"弹射起步"。一般来说，他们入职90天内就要完成至少一个大项目，数量上不封顶。在这种任务导向的激励机制下，新入职的研发人员表现往往会大大超出期待。

专注从0到1创新的研发思路、全球人才通力合作且注重本土化发展的研发体系、利于工程师成长与创造的优越科研环境，这一切是特斯拉在科技、制造与商业等维度持续保持战斗力的原因。特斯拉的研发团队不仅专注于电动车、人工智能和机器人方面的技术，而且在全人类面对的能源危机问题上，也在做着放眼20年甚至50年的前瞻性探索。

3

秘密宏图第三篇章

向完全可持续能源转变的 5 个方面

35%	21%	22%	17%	5%
可再生能源驱动现有电网	全面转向电动车	在家用/商用/工业等领域使用热泵	高温储能及可持续制氢	在飞机和船舶上应用可持续能源

第 23 章

当前能源经济中的低效和浪费

从人类踏入现代文明开始，对化石能源的依赖度一直在不断上升。目前，全球约80%的能量供应来自化石燃料，化石燃料是当前全球能源系统和工业系统中最重要的组成部分，常见的化石燃料包括煤炭、石油、天然气、页岩油、油砂、可燃冰等。化石燃料本身是一种不可再生能源，目前的储量较为有限，很难支撑人类的长久发展。目前已知的全球煤炭储量可以支撑未来大约132年的使用，石油的所有已知储量将在大约47年内耗尽，而近些年开始被越来越大规模使用的天然气，也只能保证未来90~120年的使用。

在全球电力系统中，虽然每个国家主要依赖的化石燃料不同，但化石燃料发电量几乎占所有国家发电量的50%以上，其中，中国、印度、南非等国家的电力结构以燃煤为主。根据英国能源研究院及其合作伙伴毕马威和科尔尼发布的第72个《世界能源统计年鉴》提供的信息可知：2022年，中国、印度、南非的燃煤发电量分别占这三个国家总发电量的55.5%、57.4%和68.7%；美国、俄罗斯等国家的电力结构主要依赖天然气，天然气发电量占美国电力总量的38%、占俄罗斯电力总量的46%。仅有少数国家的电力主要由清洁能源提供，如法国的电力主要来自核能发电。核能是一种清洁、高效的能源，但由于技术要求高、建设成本高、潜在安全风险高、公众接受程度低等原因，在全世界范围大规模使用核能的可行性整体较低。但在条件合适的地方，核能不失为一种优秀的清洁能源。

此外，目前化石燃料的使用存在较为严重的浪费现象。根据国际能源署发布的《世界能源平衡2019：概述》，全球一次能源供应量为每年165拍瓦时，其中化石燃料总供应量为每年134拍瓦时。不过有61拍瓦时在到达终端消费者之前已被消耗，其中包括化石燃料开采/精炼过程中的自耗，以及发电过程中的转化损耗。另有44拍瓦时因为终端（如燃油车和天然气炉）效率低下而被损耗。总的来说，165拍瓦时中只有大约60拍瓦时的一次能源转化为有用功和有效热量。劳伦斯利弗莫尔国家实验室的分析显示，包括美国在内，全球在能源供应方面都存在类似的低效问题。

可再生能源同样是目前重要的一次能源，包括风能、光伏、生物质能等。这些可再生能源主要通过发电（风能、光伏、水能、生物质能等）、燃烧（生物燃料）等形式被利用。虽然可再生能源近些年实现了蓬勃发展，但这些能源仅占2022年全球一次能源总供给的19%。因此，在能源供应领域，需要尽快寻找大规模、可持续的能源供应解决方案。

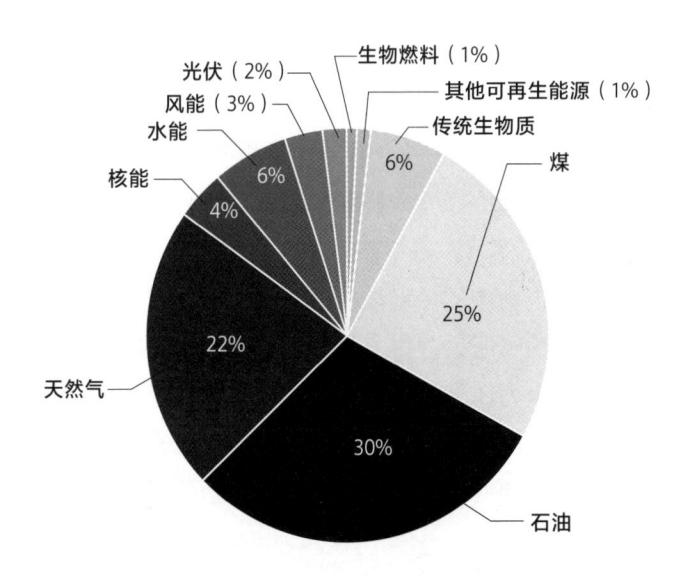

图2　2022年全球一次能源结构

资料来源：数据看世界，https://ourworldindata.org/energy-mix，2023年10月11日下载。

三大化石燃料的开采和运输

化石燃料的开采、运输和利用都是高能耗、高污染的过程。这在三大主要化石燃料（煤炭、石油和天然气）的开采和运输方面尤为明显。

煤炭的生产主要包括开采、加工和运输环节。开采之后，选矿厂会对原煤进行清洁和加工，以去除岩石、污垢、灰烬、硫磺和其他不需要的物质。这个过程改善了煤质，提高了煤炭利用的热效率，但也是不容忽视的耗能过程。

石油的开采则主要采用钻井工艺。原油从地下开采出来后，被送往炼油厂，在这里，通过物理分离和化学的方法，原油被转化成不同的产品，包括汽油、柴油和取暖油等馏分油，还包括蜡、润滑油和沥青等石化原料。石油的长距离运输多采取航运，这也是一大耗能过程。

天然气包括存在于岩石层中间的常规天然气，存在于一些页岩、砂岩和其他类型的沉积岩层的微小孔隙中的页岩气，与原油一起产生的伴生天然气，等等。

美国页岩气革命中的关键技术为水力压裂法，即通过在高压下将水、化学品和沙子压入井中，从页岩和其他类型的沉积岩层中挤出天然气。虽然水力压裂法大幅降低了开采成本，但对环境造成了巨大的影响。水力压裂法的耗水量巨大，提取每升页岩气需要耗水0.7~1.2升。由于需要向地下注入大量的水，还可能造成地下水污染。

发电过程

化石燃料运输到使用终端后，会被作为发电燃料、供热燃料和工业原料使用，其中最主要的用途为发电。工业原料的转化效率与具体的工业过程相关，用化石燃料发电的过程中，能源浪费的情况明显。

大多数化石燃料发电厂的运行效率为33%~40%。剩余的60%~67%的能量以不同热量形式被部分利用或完全浪费，如果考虑到供热，化石燃料发电厂的效率会大幅提高。世界各国供热机组占比相差较大，例如美国煤电热电联产机组发电量占煤电发电量的比重不到2%，中国则超过60%。这意味着如果只使用化石燃料发电，而不对发电厂的热量加以利用，所付出的一次能源消耗大约是最终发电量的3倍。

对纯凝机组来说，化石燃料发电的主要原理是通过化石燃料的燃烧加热锅炉中的水，产生水蒸气，高温高压蒸汽进入蒸汽涡轮机，带动涡轮叶片高速旋转，从而使涡轮机转动，带动连接在其上的发电机一起旋转，通过电磁感应产生电能，将机械能转换为电能。

水蒸气在通过涡轮机之后，需要通过冷凝器进行冷却，冷凝器中的冷却水（通常是来自水源的冷水）与水蒸气进行换热，使水蒸气冷凝成水，并返回锅炉中被重新加热，这个过程会造成大量的能量浪费。

以燃煤电厂为例，锅炉的热效率（燃煤燃烧加热冷却水产生水蒸气的过程）通常不到94%，发电机组的热效率（水蒸气通过涡轮机转化为动能的效率）一般仅有45.4%左右，这是由于在热能这类转化效率较低的能量转化为电能这类转化效率较高的能量的过程中会造成大量浪费。

此外，管道传输等环节的能耗损失也进一步降低了燃煤发电厂的能源效率。

终端使用环节

目前，绝大多数国家的电力来源以化石燃料为主。在2021年中国的电力结构中，化石燃料发电量占比65.5%。近年来，电力结构中可再生能源（主要是风力和光伏）装机容量逐渐提高，但电力系统也面临着更多来自自然的不确定性，如果用电负荷高峰期刚好缺风少光，那么电力供应就会出现暂时短缺。由于目前的储能设施尚未完善，只有当电力系统中每秒的电力供给和需求都相等，才能确保没有浪费。因此，现实情况是，发电厂需要大量的发电冗余，才能保证终端正常用电。

这也正是现实中可再生能源大规模部署时遇到的问题，即目前以风力和光伏为主的可再生能源与日常的用电时间确实存在一些错配的问题。解决这个问题的一个方案是发展储能技术。如果能够实现大规模能量储存，就可以在可再生能源发电的高峰期大量发电，用于需求高峰期的电力供应。

在空间方面，可再生能源与电力负荷中心存在区域错配现象。以中国为例，大规模风力和光伏发电主要适用于阳光充足、风力较强的西北地区，但电力负荷中心主要位于人口密度较大的东南沿海地区。因此，可再生能源大规模部署需要配置长距离的跨区域输电，而化石燃料作为稳定能源，目前依然是重要的电力来源。

除了电力系统，其他行业对化石燃料的浪费和依赖同样严重。在交通领域，石油和天然气仍是最主要的燃料，但由于内燃机汽车基于燃烧过程提供动能，能量转化本身较为低效。

交通领域的电气化是目前相对成熟的技术解决方案。电动车具有巨大的节能和减排潜力。如果在电力能源结构较为清洁的地区使用电动车，将减少对化石燃料的依赖，减少二氧化碳的排放。

归功于电动车更高的传动系统效率、能量回收制动能力，以及更优的平台设计，电动车的能源利用率更高。据美国能源部和美国国家环境保护局下属信息披露网站fueleconomy.gov公布的数据，电动车可将超过77%的电网电能转化为车轮动力，而在目前的技术水平下，燃油车只能将汽油能量的12%~30%转化为车轮动力。[1]

同时，电动车也可以避免尾气排放问题。交通密度与人口密度正相关，而汽车尾气的排放范围多在0~1.5米，会被人类大量吸入，又因汽车尾气排放的高度与儿童身高相当，导致儿童吸入的汽车尾气量高于成人。

在工业领域，化石燃料给工业过程提供的能量主要包括两方面：通过燃烧为工业过程供热（包括为热水和蒸气锅炉提供热量），以及为建筑物中的空间供暖。碍于工业大型生产设备更换成本高、空间调度困难等原因，实际使用场景中存在较多效率低下的设备，如低效率的热机。同时，与燃煤发电一样，工业燃烧过程的能效同样较低。因此，如果使用可再生电力为这些过程供能，就可以大幅削减所需的总能量。

建设可持续能源经济

虽然化石燃料目前依然是很多行业的主要能量来源，但当前以化石燃料为核心的能源经济模式的发展正面临环境、政策和市场等多方面的挑战。考虑到化石燃料的技术已经成熟，进步空间较小，在这些挑战下，化石燃料经济的前景不容乐观。

化石燃料的燃烧是温室气体和空气污染物排放的主要来源。

---

1 https://www.fueleconomy.gov/feg/evtech.shtml

在全球范围内，化石燃料产生的温室气体排放占总排放的73%。其中，燃煤造成的排放占45%，石油燃烧造成的排放占2%，天然气燃烧造成的排放占22%。二氧化碳对环境的影响具有滞后性和持续性，因此，化石燃料的燃烧可能会带来未来几十年甚至几百年的温室效应，进而导致全球气候变化、极端天气增加等问题。同时，由于煤炭包含氮、硫等元素，不充分燃烧可能导致氮氧化物、硫氧化物、PM2.5等空气污染物的排放，损害空气质量和人类健康。

化石燃料的开采和运输还会造成环境和安全风险。在开采燃煤的过程中，地下采矿会碰到窒息死亡、矿坑坍塌、瓦斯中毒和爆炸等问题，露天开采因其剥离矿壁的开采方式，对矿山生态破坏极大，还会导致矿壁崩塌等问题。2010年，英国石油公司在墨西哥湾的钻井平台发生重大漏油事故，向墨西哥湾泄漏了约300万桶原油，对生态系统造成的影响持续了数十年。石油开采使用的管道、海上钻井和相关基础设施如果发生泄漏，不仅会污染海洋、湿地、淡水资源和其他生态系统，也会威胁人类健康。

天然气虽然是较为清洁、高效的燃料，但天然气的开采和使用也存在严重的泄漏问题。因天然气泄漏和燃烧产生的直接排放，占2020年美国温室气体排放量的36%。

化石燃料的经济模式逐渐被投资者抛弃。随着各国越发重视气候问题，许多国际投资机构都已经宣布停止对燃煤相关业务的投资。国际方面，欧洲复兴开发银行宣布暂停对所有燃煤相关项目的投资；国内方面，中国银行早在2021年9月就不再为海外新的煤矿和燃煤发电项目提供融资。虽然在2022年，世界三大煤炭生产国——中国、印度和印度尼西亚都创下了产量纪录，但对出口驱动型煤炭项目的投资并未显著增长，这可能意味着投资者和矿业公司已经对煤炭业的中长期发展前景持谨慎态度。

所以，替代化石燃料势在必行。"地球上有一条通往可持续能源的明确道路，"马斯克在2023年投资者日表示，"它不需要破坏自然环境，不需要我们回归简朴生活或是停止使用电力，不需要我们活在寒冷中或做任何负面的改变。"

依照特斯拉"秘密宏图第三篇章"的路径，替代化石燃料和建设可持续能源经济将主要通过以下步骤实现：（1）用可再生能源驱动现有电网；（2）全面转向电动车；（3）在家用、商用和工业领域使用热泵；（4）在工业领域应用高温储能及可持续制氢；（5）在飞机和船舶上应用可持续能源。

如果这几方面的关键技术实现突破，并得到大规模应用，例如大规模储能技术、终端用能的电气化技术等，那么化石燃料被替代的进程将大大加快，使用可持续能源的未来将得以实现。

特斯拉对这些技术在资金、技术、原材料、土地影响等方面进行了研究，旨在解决当前能源经济中的低效和浪费问题，加速世界向可持续能源的转变。

第24章
可再生能源驱动电网

特斯拉太阳能板

低效的传统化石燃料发电，已经无法满足不断攀升的全球用电需求。电从哪里来，正成为一个世人不得不关心的问题。

对此，一种常见的解决思路是继续优化化石燃料的发电过程，提高火力发电的效率。事实上，火力发电技术的确仍在不断进步。超临界发电和超超临界发电是目前最有效的改良技术之一，其原理在于利用水温高于374摄氏度时，无论如何加压，水都不会变成液态的特点，来提高发电效率。但火电的原理决定了这一提升空间极其有限——化石燃料发电仍将造成大量的能量浪费。相对而言，可再生能源发电优势显著，太阳能、风能等能够无限量地产生和被利用，带来源源不断的电力。

如果电网改用可再生能源来供电，能源效率也将大幅提高，每年只需要26拍瓦时的可持续发电即可满足全球电力供应。而且，使用可再生能源驱动现有电网可以减少化石燃料用于发电的比例，使其作为一次能源和工业原料更多地应用于其他工业过程，从而实现资源的最优分配和使用。

此外，电价与化石燃料价格强关联，这意味着在电价随市场波动的国家或地区，一旦化石燃料价格飙升，消费者将面临高昂的电费账单。增加可再生能源发电的比例能够在一定程度上稳定电价，从而保护消费者。当煤炭价格大幅上涨时，火电厂发电成本可能会高于售电收入，给供电带来压力。

光伏和风电发展迅猛

在可再生能源具体类型的选择上，特斯拉看好的是光伏和风电。事实上，在过去10年间，光伏和风力也是发展最迅猛的两大可持续能源：2022年全球光伏累计装机容量达到1 185吉瓦，风

（吉瓦）

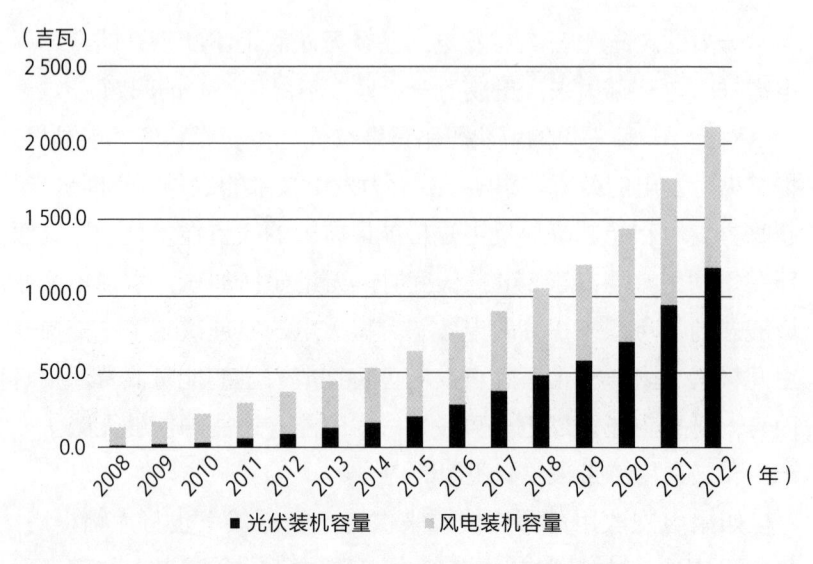

图3　全球光伏装机容量和风电装机容量

资料来源：《BP世界能源统计年鉴2021》，https://www.bp.com/content/dam/bp/business-sites/en/global/corporate/pdfs/energy-economics/statistical-review/bp-stats-review-2021-full-report.pdf，2023年10月11日下载。

电累计装机容量为923吉瓦，分别是2012年的11.6倍和3.5倍。

从全球发电结构看，可再生能源发电占比从2015年的23.3%提升到2022年的29.9%，各主要经济体可再生能源发电占比都有所增长。其中，欧盟走在能源转型的前列，2022年可再生能源发电占比达到39%，核能发电占比为22%，化石能源发电仅占39%；中国和澳大利亚的可再生能源发电占比也超过了30%。

与快速增长的装机容量相伴而来的，是急剧下降的光伏和风力发电成本。行业内常用平准化度电成本来计算和比较不同发电技术的成本，平准化度电成本指将建设和运营成本平摊到每度电上得到的每度电的发电成本。

2010—2021年，光伏发电的成本降低了88%，陆上风力发电的成本降低了68%。规模化效应和技术进步使得发电成本和度

(太瓦时)

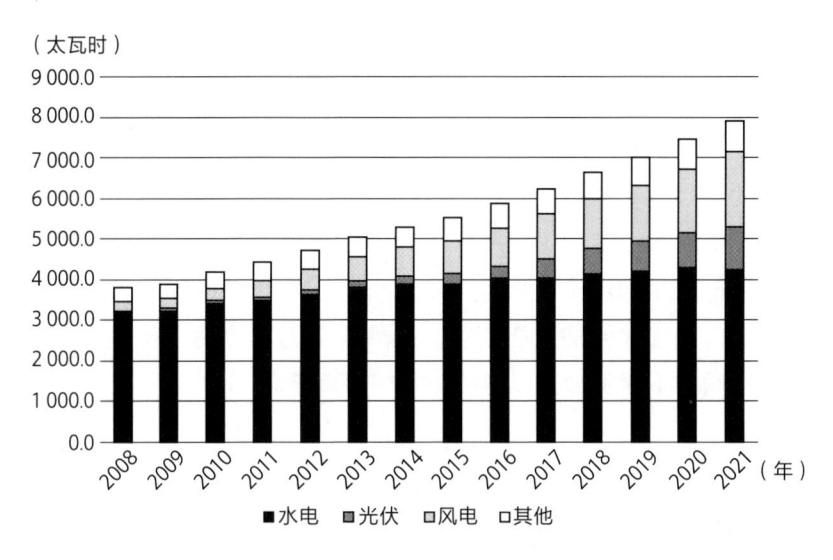

图 4　全球可再生能源发电量

资料来源：《BP世界能源统计年鉴2021》，https://www.bp.com/content/dam/bp/business-sites/en/global/corporate/pdfs/energy-economics/statistical-review/bp-stats-review-2021-full-report.pdf，2023年10月11日下载。

电成本下降，激发了更多的装机需求。在这个正反馈过程中，可再生能源遵循陡峭的学习曲线，发电成本大幅降低。基本上装机容量每增长100%，光伏发电的成本就会下降36%，陆上风力发电的成本就会下降23%。

在成本下降的同时，光伏和风力发电的相关技术也没有停下发展的脚步。多元化光伏电池材料逐渐发展成熟，其中比较典型的是钙钛矿电池。钙钛矿电池产业链短，投资成本低，形态上是一种高柔性的薄膜电池，结构轻便，易于安装，适用于未来发展潜力更大的分布式光伏。目前仍有众多技术处于发展期和示范期，可以说，光伏在未来依然拥有较大的降本增效空间。

风电的技术进步主要体现在单机容量的增长，从最初的1.5兆瓦开始，以每年0.8兆瓦的速度增长，到现在陆上风电新增装机平均单机容量为5兆瓦，海上风电新增装机平均单机容量为7.4兆瓦。风机厂商沿着双馈、直驱、半直驱等不同的技术路线进行开发，目前已出现17兆瓦的直驱式风机、16兆瓦的半直驱式风机等产品。

未来，大型化仍是风电技术发展的主要趋势，大型机组可以摊薄风机的制造成本、土地成本、安装成本、建设成本等，并且更易获取较为优质的风能资源，有效发电量也更高。随着风机大型化进程的不断加速，风电成本仍将不断降低。

分布式光伏后来居上

集中式光伏发电和大型风电场是过去10年可再生能源装机容量快速增长的主力，相比水能和地热能等可再生能源，光伏和风力对所在地的资源禀赋要求更低，世界各国几乎都能开发光伏和风力发电项目。同时，荒漠、高山等难以用于其他用途的地块是这类项目的主要所在地，需要支付的土地成本较低。

近年来，分布式光伏装机容量呈现爆发式增长，2016—2021年，中国分布式光伏新增装机规模从4.24吉瓦增加至29吉瓦，累计装机容量从10.32吉瓦增加至107吉瓦，累计容量5年复合增长率达到60%。从占比看，分布式光伏电站新增装机容量与累计装机容量占比均逐年提高。2016—2021年，分布式光伏电站新增装机容量占比从12%增加至55%，累计装机容量占比从13%增加至35%，2021年分布式光伏电站新增装机容量占比首次超过集中式光伏电站。2022年中国分布式光伏新增装机容量达51.11吉瓦，同比增长207.9%，已连续两年超过集中式光伏电站。

分布式光伏电站包括屋顶电站、光伏建筑一体化、农光互补、渔光互补等。分布式光伏电站相比集中式光伏电站更接近用电负荷，所需的传输成本和产生的传输损耗更小，对开发环境要求更低，在世界各国都有大量的潜在装机点位。随着光伏组件成本的进一步降低，分布式光伏装机容量将持续增长，与集中式光伏发电和风电共同成为未来电力系统的支柱。

此外，近年来的气候变化导致高温、暴雨等极端天气的发生越来越频繁，这对基础设施的抗风险能力构成了挑战。电力系统关系各行各业、千家万户，它的可靠性与弹性显得尤为重要。而光伏和风力发电设备是分布式和模块化的，分布在较大的地理区域，一个位置的恶劣天气事件不会切断整个区域的电源，并且系统由许多单独的风力发电机或太阳能电池阵列组成，即使系统中的某些设备被损坏，其余设备通常也可以继续运行。在当前电网中引入可再生能源发电，能够增强系统对气候变化的适应能力，更好地应对极端天气事件。

分布式光伏在增强电力系统韧性方面的优势更为明显，各国也在分布式光伏领域加强布局。中国国家能源局发布了整县推进屋顶分布式光伏开发的通知，根据屋顶面积测算，到2025年，中国屋顶光伏潜在装机容量为2 932吉瓦，预计分布式光伏当年新增规模为52吉瓦，远期累计装机容量不低于1 372吉瓦。[1] 欧美分布式光伏市场前景同样可观，国际能源署预测2023—2025年美国新增光伏装机容量分别为24.5吉瓦/29.5吉瓦/35.3吉瓦，其中新增分布式光伏装机容量7.6吉瓦/8.4吉瓦/10.2吉瓦。[2] "欧洲

---

[1] 2022年华泰证券发布的《分布式光伏：下一个蓝海市场》，https://www.sgpjbg.com/baogao/60933.html。

[2] 2023年国际能源署发布的《2023可再生能源：至2028年分析和预测》，https://iea.blob.core.windows.net/assets/96d66a8b-d502-476b-ba94-54ffda84cf72/Renewables_2023.pdf。

太阳能屋顶计划"作为欧盟REPowerEU能源计划的一部分，旨在快速完成大规模分布式光伏部署。同时，欧洲各国批发电价高企，刺激分布式光伏装机。2022年欧洲新增分布式光伏装机容量31.2吉瓦，预计2030年可达100吉瓦。

  特斯拉的太阳能屋顶业务也有助于全球屋顶光伏行业的发展。2022年，特斯拉太阳能屋顶的新增部署装机容量为348兆瓦。仅计算中国、美国和欧洲市场，2025年预计将新增分布式光伏装机容量90兆瓦，未来特斯拉的太阳能屋顶必然会在全球分布式光伏装机容量快速增长的浪潮中占据一定的市场份额。

  因化石燃料资源量分布不均，大部分国家需要通过进口获取油气资源。重度依赖化石燃料意味着将能源这一经济发展和国家安全的命脉交到其他国家手里。当前全球局势暗流涌动，各国发展可再生能源的必要性和重要性再一次凸显。在俄乌冲突爆发的8个月后，欧盟将2030年可再生能源占能源消费的目标比例从40%提高到45%。

  基于10年的技术进步，可再生能源已经能够实现与火力发电在供电侧度电成本上持平，以及在配电侧度电售价持平，并且未来仍有降本增效的空间。用可再生能源驱动现有电网能够减少能源浪费、减少温室气体和空气污染物排放，并且能更好地应对气候变化造成的极端天气。当前，增加可再生能源发电比例能够在一定程度上增强国家能源自主和能源安全，因此转向可再生能源驱动现有电网是必然选择。

100%使用可再生能源

  可再生能源发电最大的缺陷是具有波动性和随机性，但电力供应涉及千家万户，100%使用可再生能源的电力系统能否满足用电需求是一个不可回避的问题。特斯拉使用每小时成本低廉的集成容量扩展和调度模型来确定这个发电和储能的组合方案，用模型展现完全使用可再生能源的世界将如何运行。

模型以美国为例，将其分为4个子区域，根据现有线路容量对区域间的输电限制添加了约束，并将模型放在4个气象年（2019—2022年）里运行来捕捉一系列气象条件的影响，同时要求模型必须满足每小时15%的运行储备余量，以确保发电和储能组合适应一系列天气和系统条件。

发电方面，模型对每个区域的风能和太阳能资源进行建模，模拟了各区域每兆瓦装机容量每小时能生产多少电，考虑了电网互连成本和模型的最大容量；用电方面，模型模拟了美国全面电气化后每小时的用电需求，在现有经济部门用电需求的基础上添加了新型工业、合成燃料、绿氢、工业用热、工业用热泵、住宅和商业用热泵，以及电气化交通的用电需求，以模拟一个100%由可再生能源支持的世界。

模型显示，需要部署储能设施以进行削峰填谷，在电力生产过剩时充电，在电力生产不足时放电，实现电能的跨时分配。电池可以实现小时级的储能，氢能可以实现跨季节的电力调配。氢能一般在春季和秋季时储满，此时需要供热和制冷的季节已经结束，电力需求较低，太阳能和风能发电量相对过剩。随着夏季和冬季用电量的激增，春秋两季的氢能储备量可缓解用电压力。

为了保证可靠的全年电力供应，部署过剩的太阳能和风能发电设备在经济上是最优的解决方案，但会导致弃电问题：当太阳能或风能发电量大于一个区域的电力需求，同时储能容量已满，没有可用的输电能力将多余的电传输到其他区域时，多余的电力就会被废弃，这就是弃电。

在建设过剩的可再生能源发电容量、建设电网储能或扩大输电容量之间存在经济权衡，这种权衡可能会随着电网储电技术的成熟而发生变化，但在模型的假设场景中，即使最优的发电和储能组合也会导致32%的弃电。需要强调的是，对可再生能源发电进行弃电与对化石能源发电进行弃电不同，太阳能和风能是无穷无尽的，因此弃电并不会导致资源浪费。

模型结果显示，美国可以用每年66拍瓦时的可再生能源发电取代每年应用于能源领域的125拍瓦时的化石燃料。通过将美国资源组合扩大6倍，特斯拉计算得出了满足电力需求的全球发电和储能组合。配合足够的储能设施，可再生能源发电能够支持全球实现全面电气化和更清洁能源的转变。

可再生能源转型的城市案例

除了理论模型，现实中也有一些向可再生能源转型的例子可以参考。目前，可再生能源占比最高的3个国家是冰岛、挪威和瑞典，分别为86.87%、71.56%和50.92%，很大程度上是因为这3个国家有着丰富的自然资源，包括地热能、水能和风能。例如，冰岛的地热能潜力使其能够可持续地生产很大一部分电力，挪威和瑞典的水力发电能力使其能够较多地依赖可再生能源。

完全实现可再生能源转型的案例可以在城市中找到，例如马尔默西港区。马尔默是瑞典第三大城市，在20世纪70年代石油危机后就开始了能源转型，现在拥有欧洲可持续发展冠军的称号。西港区至少从2012年起就开始100%地使用可再生能源，并完全实现了自给自足。该区的大型风电场是电力供应的主力，而且许多建筑物都配有太阳能光伏板用于供热和发电，共有超过3 000

平方米的太阳能板为区域供热网络提供热量，一些建筑物的屋顶上还设有小型风力发电机。

马尔默还建立了非常完善的垃圾能量回收系统，通过垃圾焚烧发热代替传统的天然气供热。马尔默已实现所有市政活动的碳中和，并设定了到2030年确保整个城市100%地使用可再生能源的目标。马尔默以垃圾焚烧发电、风电和光伏发电作为实现可再生能源转型的主要手段。马尔默的成功转型离不开政府在早期就动员了城市中的各利益相关者，包括企业和居民。这座城市成功地提出了通过可再生能源和垃圾能量回收供热、供冷和供电的综合解决方案。

美国加利福尼亚州一直以来也都是可再生能源转型领域的优等生。2022年，加州是全美第四大电力生产州，包括水力发电、分布式光伏发电、集中式光伏发电、风力发电在内的可再生能源发电量占州内发电量的49%，此外天然气发电量占42%，核电占9%。

加州并不满足现有的成绩，它的目标是到2045年实现碳中和。加州现有可再生能源发电装机容量70 000兆瓦，2023年加州公用事业委员会批准了加州到2035年向电网新增54 000兆瓦的可再生能源发电装机容量，其中大部分是太阳能，还有部分是风力发电，该计划还包括新增安装超过28 000兆瓦的储能电池。

加州在2020年8月经历了两天的全州停电，这唤起了当地对同步发展储能的重视。考虑到这一需求，加州已投入大量资金，努力扩大电网的存储容量。自2019年以来，加州的电池存储量已增加20倍，现有装机容量5 000兆瓦，相当于10个天然气发电厂的发电量。

加州完善的市场机制对可再生能源的迅猛发展起到重要作用。加州已建立基于可再生能源配额制的合规市场和绿电自愿交易市场，可再生能源发电企业能够通过这些市场获得经济激励，加速加州可再生能源经济的发展。加州州政府身先士卒，过去20年来，加州一直在稳步增加公用事业公司购买的光伏电力和风电的电量。现在州监管机构已命令公用事业公司安装大型电池系统，作为储能设施接入电力系统。

  这些优秀的可再生能源转型实践为全世界提供了参考案例和可以借鉴的经验，也证明了100%的可再生能源转型可以实现。

第25章

电动车的未来

电动车成为主流交通方式的未来已经是大势所趋。

截至2023年7月，世界各主要经济体都已经通过颁布政策或者立法的形式，或支持电动车的推广使用，或提出禁售燃油车的目标。例如，欧盟将从2035年起禁售导致碳排放的燃油乘用车和小型客货车，美国加州将从2035年起全面禁止销售新的燃油车。

行业对此也迅速响应，各大车企先后迈进电动车市场，纷纷发布各自的电动化和新能源转型战略布局。按照规划，宝马预计将于2025年在全球交付200万辆纯电动车，并迎来基于全新构架打造的新车型，到2030年，其50%的销量都将来自纯电动车。[1] 奔驰的目标是2030年所售车型的50%为新能源车。[2] 大众计划在2023—2027年向具备最大利润潜力的业务方向投资1 800亿欧元，其中超过68%的资金将投入数字化、电动化相关的未来领域。[3]

电动车产品和技术正在快速发展，加速成为消费市场主流。在可预见的未来，电动车的全球保有量将大幅提升，这将为人类带来更加低碳、清洁的世界：交通领域的碳排放始终是气候变化的"一座大山"，约占全球温室气体排放总量的15%，其中道路运输温室气体排放占交通领域排放总量的71%。

全面转向电动车，用更清洁的太阳能、风能等可再生能源构建充电网络，将缓解车辆行驶造成的碳排放和空气污染等问题。此外，完全自动驾驶、灵活调峰充电、电动车向电网送电等技术也会让电动车成为更智能、高效、绿色的出行工具。

马斯克曾在爱迪生电气研究所2023年年度大会上表示，电动车数量将很快占到车辆总数的50%以上，这可能会在2030年之

---

1 http://www.xinhuanet.com/auto/20221209/2caf7c2fc4a242829e017dccd3c7b033/c.html

2 https://www.nbd.com.cn/articles/2024-02-26/3255800.html

3 https://www.volkswagengroupchina.com.cn/MediaCenter/News/Detail?itemid=c6bd348a-f87f-4b89-a118-36b5a8a44093

前实现。实际上，特斯拉也正以切实的行动助力全球电动车产业的发展，如开放专利、开放超级充电基础设施等。马斯克说："我们只是想做正确的事情，想为未来的可持续发展扫清障碍。"

目前，全球汽车市场展现出地区数量不均衡、车型比例不均衡、车企发展不均衡的特点，这也为电动车拓宽市场提供了广阔的想象空间。

数据显示，截至2022年，全球车辆保有量超过14亿辆，其中亚洲车辆保有量约为5.31亿辆，居世界第一，其次是欧洲的4.05亿辆和北美的3.51亿辆。2022年，全球汽车产量约为8 500万辆，其中家用车约占73%，达到6 160万辆，轻型商用车约占23%，重型卡车约占4%。

从车企的市场占比来看，传统车企仍然占据全球汽车市场的主要地位。在当前的汽车市场格局下，实现全球交通电气化还有很长的路要走。

《2023年全球电动汽车展望》中的数据显示，2022年全球电动车销量超过1 000万辆，其中绝大多数电动车的销售主要集中在三个市场——中国、欧洲和美国。电动车市场份额已从2020年的4%爆发式增长到2022年的14%，预计到2030年，电动车在中国、欧洲和美国车辆总销量中的平均份额将上升至60%左右。Clean Technica网站2024年2月发布的统计数据显示，2023年，全球电动车（乘用车）销量达到1 370万辆。

从全球视角来看，电动车产业的发展极不均衡。中国是全球第一大汽车市场，也是全球电动车销量增长的主要市场，接近2/3的电动车销量来自中国。其次是欧洲，2022年贡献了25%的电动车销量，之后才是美国等国家和地区。

这主要是因为中国政府在发展新能源车方面一直采取积极的态度，推出了包括车辆购置税减免、购置补贴、免征车船税等财税类激励政策，以及在牌照、充电、通行等方面持续优化新能源车使用环境的鼓励政策，并且随着中国快速的城镇化进程和人民生活水平的迅速提高，购入一辆电动车成为许多家庭的选择。同样，欧洲的电动车销量高很大程度上与燃油车的排放标准严苛及给予电动车的补贴有关。

2023年，特斯拉全球总交付量约为181万辆，相比2021年增长38%，连续多年蝉联全球纯电动车销量冠军。2023年3月，在特斯拉总部举行的投资者日活动中，马斯克表示，"市场对特斯拉电动车的需求可能是无限的"，2030年后，特斯拉每年计划交付约2 000万辆电动车。

全球新能源车快速发展

在动力技术的选择上，特斯拉始终坚持以纯电动为主要战略领域。

马斯克曾在多个场合表示，所有的车最终都将走向电动化和自动驾驶，拥有一辆没有自动驾驶能力的内燃机汽车就如同拥有一辆马车或一个翻盖手机。马斯克还预告了其他交通方式电气化的潜在计划，他说："随着电池能量密度的提高，你会看到，除了火箭，所有交通工具都将变成全电力驱动。"

但是截至2022年，中国新能源车市场约60%的车采用纯电驱动技术，还有部分采用插电式混合动力技术。相比之下，欧洲国家、美国、韩国、日本等国家和地区的纯电动车占比都未超过一半，混合动力汽车占比较高。在插电式混合动力和混合动力领域，多家车企仍在持续投入。

但插电式混合动力等技术路线并不能从源头解决化石能源的

污染和低效问题，甚至仍有声音认为，目前的电网主要依赖火力发电，因此电动车也只是过渡技术，未来真正低碳清洁的车辆将是氢燃料电池车。其实不然，电动车是否清洁取决于它所用的电力的产生方式是否清洁。

通常，各国为实现气候目标，首要行动便是将能源结构转向更清洁的可再生能源，尤其是可再生能源发电技术，会让电动车依赖的电网更加低碳清洁。同样，氢燃料电池车如果要做到完全清洁，需要使用可再生电力电解水产生的绿氢，然而氢燃料电池的能源使用效率要低于当前的电动车电池。

早在2015年，马斯克在美国汽车新闻世界大会上就表示不看好氢能路线："最好的氢燃料电池并不能胜过当前的电池。"[1]

国际能源署在《2023年全球电动汽车展望》中指出，全球新能源车将迎来飞速发展。从2022年的2 600万辆到预计2030年的近2.4亿辆、2050年的7亿辆，新能源车的保有量将高速增长。其中，到2047年，全球新能源车（含纯电动车、插电式混合动力汽车及氢燃料电池车等）总销量将首次超过传统燃油车；到2050年，全球新能源车年销量或将达到6 200万辆。届时，欧洲、中国和北美市场的新售车辆中，新能源车占比将分别达到86%、81%和78%。

尽管目前混合动力汽车和插电式混合动力汽车仍占据市场的一大部分，但国际能源署预测在各国的政策背景下，2030年纯电动车保有量将达到1.8亿辆，插电式混合动力汽车只有不到5 000万辆。

---

[1] https://www.cnbc.com/2022/05/12/tesla-ceo-elon-musk-dismisses-hydrogen-as-tool-for-energy-storage.html

完全电动化和自动驾驶

2023年特斯拉的产量为185万辆，要实现2030年年产量2 000万辆的目标，特斯拉产量的复合增长率要达到40.6%。按此推算，到2030年，特斯拉全球保有量将达到约6 500万辆，约占全球纯电动车市场的36%。与此同时，特斯拉并不满足于电动车保有量超过燃油车，而是希望加速电动车全面替换燃油车的步伐，在2050年完成对所有燃油车的替换。为此，特斯拉对全球交通全面转向电动车的未来做出进一步研究与规划。

在假设全球汽车保有量不变的前提下，如果交通全面转向电动车，则紧凑型电动车约占7亿辆，中型电动车（如Model 3/Y）约占3.8亿辆，商用/乘用货车、大型轿车（如Model S）、SUV（如Model X）和越野车（如赛博越野旅行车）等车型的总量约占3亿辆，客车约占500万辆，重型卡车（如Semi）约占0.2亿辆。如此，则全球交通将需要112太瓦时的电池容量。特斯拉通过对材料、土地、能源、资金进行可行性研究，认为全球交通全面转向电动车是切实可行的。

为满足电动车的充电需求，到2050年，全球需建成4.16亿个充电桩，其中家用充电桩占比将达到88%。中国的公共充电桩数量全球领先，拥有全球约85%的快速充电设施和55%的慢速充电设施，这也反映了中国庞大的电动车市场及其人口密集的城市特征。

AutoTech News援引研究咨询机构Grand View Research的报道称，电动车充电解决方案的市场规模预计到2030年将达到2 170.6亿美元，实现从2022年到2030年30.6%的年复合增长率。[1]

---

1 https://autotech.news/electric-vehicle-charging-infrastructure-market-worth-217-06-billion-by-2030

在全球低碳能源转型和科技飞速发展的未来，汽车行业将迎来更多的可能性。壳牌公司的官网数据显示，到2050年，全球人口总数预计将增加至90亿，许多人还会购买汽车，将使得道路上行驶的汽车总数增加1倍多。[1]这样的世界将对能源的清洁性、利用效率和汽车出行的便捷性提出更高要求。在此背景下，特斯拉正努力开发自动驾驶技术，来适应充满能源风险的未来。

在马斯克看来，自动驾驶能使乏味的驾驶过程完全消失，同时自动驾驶技术的应用将使得大多数时间停在车库或停车场里因没有司机而闲置的车辆可以自行上路载人，车辆的使用率将大幅提升，"全自动驾驶车辆的使用率将比非全自动驾驶车辆的使用率增加5倍"。

然而单车使用率的大幅提高是否将使得全球范围内人们对车辆总量的需求有所下降还是未知数。但有一点可以确定，那就是全球交通一定会转向更高效、更清洁、更智能、更可持续的能源体系。

---

1 https://www.shell.com.cn/zh_cn/energy-and-innovation/the-energy-future.html#vanity-aHR0cHM6Ly93d3cuc2hlbGwuY29tLmNuL3poL2Z1dHVyZS1lbmVyZ3kvWVldGluZy1kZW1hbmQtdHBrZy5odG1s

第26章

供热和制冷的新解决方案

供暖是通往可持续能源经济之路上必须解决的问题。目前，在家庭、工业、商业的室内场所，能源消耗巨大，供暖主要依靠化石燃料。

特斯拉认为最佳解决方案是使用热泵。热泵是一种可以替代传统燃气炉的技术，具有能源利用效率高、碳排放低、操作方便、安全卫生等优势。理论与实践经验均表明，热泵的性能系数约为3，即每单位的能耗可以提供大约3单位的热量，可以极大地提高现有家用、商用与工业领域的制冷与制热环节的能源使用效率，降低能源成本，减少碳排放。此外，热泵还可以提高电动车的续航里程及电动车在冬季的动力表现，在家庭与商业领域的供暖与制冷也具有使用舒适、性能稳定等多重优势。

特斯拉的研究表明，热泵可以有效替代家庭燃气炉和家用及商用制冷设备，并且能为工作环境低于200摄氏度的工业生产过程提供热量。相比在全球范围内用电动车代替燃油车需花费7万亿美元（可节省22%的化石能源），只要投资3 000亿美元就能把现有室内与工业和商业环境的供热与制冷设备换成热泵系统，每年在全球将大约30拍瓦时的化石能源使用量转化为11拍瓦时的电力需求，实现23%的可持续能源经济转型。

把热泵装进特斯拉

热泵的大范围应用还要从特斯拉的车用空调系统讲起。电动车没有内燃机提供能量，若采用传统的电阻加热器，通常有一个很大的缺点：温度降低时，行驶里程会受到影响。

特斯拉在Model Y上率先采用热泵技术，并在随后推广到了全系车型。特斯拉的车载热泵从电池中吸收多余的热量，这使得车辆在极低的温度下也能高效工作。特斯拉在设计热泵时采用了独特的方法并选择了全新的设计，创造性地使用了超级歧管和八通阀，辅之以行业领先的制热算法，用于提高热泵系统的效率和集成度。

这样的热泵系统不仅可以高效利用外界热量及电池、电机的废热，还能提供多种加热模式，并根据用车情况智能调节，降低电耗。在寒冷的天气条件下，当其他热泵及传统加热器无法满足要求时，该系统仍可以保持车厢温度。

以 Model Y 为例，在车外，低压液态的工作介质通过蒸发器吸收车外的热量变为低压气态，之后输入压缩机变为高压液态，并通过阀模块控制工作介质的流向。当加热车厢内部时，处于高压气态的工作介质流向放热位置，通过冷凝器进行液化放热，变为高压液态，并最终通过膨胀阀回到低压液态，形成循环。

当需要为电池系统预加热时，Model Y 则会调整阀模块，使位于高压气态的工作介质向车辆的电池系统放热。因此，Model Y 可以通过智能算法进行能量管理，自动控制热泵系统的热量流向，为用户带来舒适的体验。

热泵的效率表示为性能系数或季节性性能系数[1]，数字越高，热泵的效率越高。

在 10 摄氏度以上的工作环境中，Model Y 可以综合电池温度、外界温度、冷却液温度及空调模式，智能调节热泵模式，热量来源包括外界空气和电机电池废热，其能效比可高达 5.6。

此外，通过采用热泵，Model Y 在 -40~10 摄氏度的寒冷天气可以打开压缩机做功加热冷却液，极端寒冷时还能关闭外界换热途径进行隔热，节省 7%~30% 的续航里程，这对于缓解电动车车

1　性能系数是指制冷或制热系统所提供的有用的加热或冷却的热量与所需输入能量的比率；季节性性能系数则是一个系统的性能指数在某一季度内的平均值，制冷或制热系统的能效可能随季节及环境温度的变化而变化。

主的里程焦虑无疑是好消息。

在乘坐体验方面，热泵还能预热或预冷座舱、协助预热电池，并实现车内除霜、除雾、快速除湿等功能，为用户提前准备好舒适的座舱。

用热泵替代传统燃气炉

热泵是利用热力循环传递热能，使用外力做功将热量从一个空间转移至另一个空间的装置。

通常，热量从高温物体或高温环境传递至低温物体或低温环境。依靠热泵，仅需输入一定的电力驱动压缩机做功，便可以逆转热量的传递方向，使热量从低温热源传递到高温热源。

例如，在寒冷的冬季，热泵可以在电力作用下将热量从室外转移到室内，达到供暖的目的；在炎热的夏季，热泵也可以将热量从凉爽的室内转移到炎热的室外，以达到制冷的目的。

按热源种类的不同，热泵可以分为空气源热泵、水源热泵、地源热泵和废热热泵等。在具体的工作环境中，根据用能需求、工作温度等选择不同类型的热泵，可以较好地满足使用目的，提高能源使用效率，达到节能减排的目的。例如，空气源热泵就是目前适合改造传统燃气炉的设备，地源热泵可以为一栋建筑进行制冷和制热，废热热泵则可以有效利用工业废气中的余热。

传统的空调通常采用制冷剂，将传热介质（如空气、水等）降温或加热至设定温度，并将其输送至需要制冷/热的空间，使空间内的温度发生变化。热泵则是通过压缩机和制冷剂将需要制冷的空间中的热量抽离，或是从其他空间将热量转移到需要制热的空间。

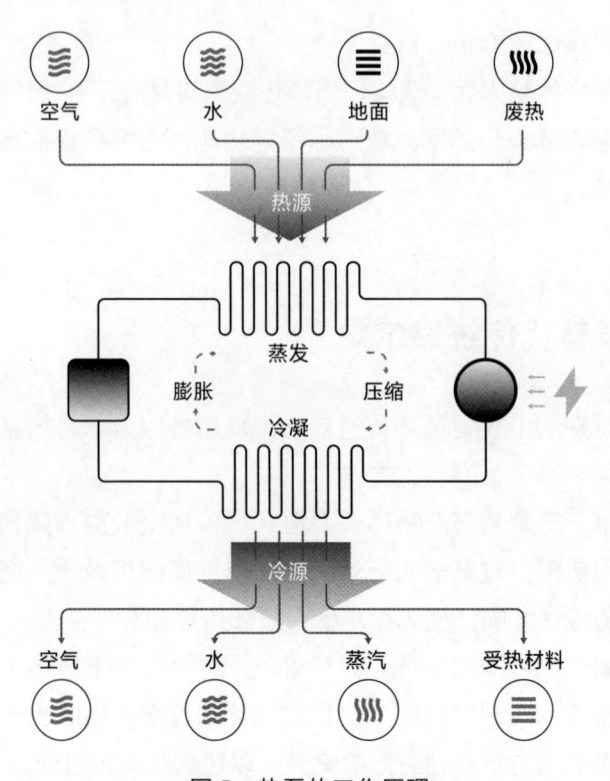

图 5 热泵的工作原理

资料来源：特斯拉，秘密宏图第三篇章，https://digitalassets.tesla.com/tesla-contents/image/upload/v1686732500/master-plan-prrt-3-zh-cn.pdf，2023 年 10 月 11 日下载。

  在供暖领域，当前人们最熟悉的便是传统燃气炉，它通常采用天然气、液化天然气等化石能源作为直接燃料，存在能源利用效率不高、产生大量碳排放等缺点。

  集中式供暖的燃煤锅炉以一次能源煤炭为燃料，供热效率不足 55%；家庭独立供暖的壁挂炉使用的是一次能源天然气，其热效率一般在 88% 以上；以电能为主要能源的加热器，也就是俗称的电暖器，其供热效率主要取决于发电厂的发电效率，目前火力发电厂的平均发电效率约为 33%，也就是说这些电能加热器的一次能源使用效率不到33%。相比之下，空气源热泵是由电力驱动的供冷暖装置，其一次能源使用效率一般在89%以上。

在美国，35%的家庭使用天然气烹饪，每年约产生600万吨二氧化碳当量排放，而热泵产生的热量也可以用于烧水、加热食品、烘焙等，能够满足一定的家庭烹饪需求。

此外，燃气炉在使用和非使用期间均会产生燃气泄漏，导致甲烷（也是温室气体，全球变暖潜能值是二氧化碳的86倍）溢出到空气中，温室效应因此加剧。所以，要系统地减少燃气炉产生的化石能源浪费与温室气体排放，必须采用革新型技术替代传统燃气炉，并解决能效低、碳排放高和泄漏问题。

同时，传统燃气炉存在爆炸等安全隐患。在过去10年间，美国天然气管道与家庭燃气炉系统出现了约2 600起甲烷泄漏事故，平均每33个小时就会出现一起。由此可见，采用一种更加安全的装置替代传统燃气炉，对保障生命财产安全至关重要。

热泵比传统的家庭供暖方式更节能，通常每消耗1千瓦时的电力，可以将3~6千瓦时的热能传输到建筑物中。燃气炉通常需要超过1.2单位的能源供应才能释放1单位的热量，而热泵只需要不到0.4单位。

同时，空气源热泵供热可以通过地面辐射供热，产生类似家用地暖的效果，使整个室内空间的热量均匀分布，没有热风感，同时对风湿、哮喘等疾病患者更加友好。

热泵的使用寿命一般在15年以上，具有运行成本低、使用稳定性强、安全性能好等优点。热泵还会显著降低供热系统的碳排放。尽管热泵的碳排放取决于发电方式，但在一般情况下均会减少碳排放。热泵可以满足全球80%以上的空间加热需求和水加热需求，到2030年，热泵具有在全球减排5亿吨二氧化碳当量的潜力。

特斯拉指出，空气源热泵最适合用来改造现有的家庭燃气炉。空气源热泵的供暖季节性能系数[1]的数值为9.5BTU/瓦时，每单位的能耗可提供2.8单位的热量，而燃气炉通过燃烧天然气产生热量，其年燃料利用率[2]约为90%。因此，热泵的能耗为燃气炉的1/3左右（2.8/0.9）。

用热泵替代传统燃气炉，不仅提高了用能效率，降低了碳排放，还能使家庭烹饪更为安全、便捷，是全球范围内完全取代化石能源的必要选择。

热泵的全球化影响

目前，在供热方面，空气源热泵地暖、热泵热水器等联合供暖机组已经被广泛应用，可以满足洗浴、烹饪、采暖等需求；热泵烘干机也逐步出现在家用和商用领域，在烘干蔬菜、衣物等场景中发挥作用。在制冷方面，热泵空调因具有节能环保、制冷迅速、体验舒适等优点，也受到市场的广泛关注，开始大面积取代传统的制冷空调。

由于热泵的能源利用效率较高，如果将所有家用及商用的制热与制冷设备替换为热泵，全球可以大幅减少能源需求。特斯拉利用基准电力需求的每小时负荷系数来估计热泵的每小时电力需

---

1 供暖季节性能系数（HSPF）是供热系统的热量输出（以BTU为单位）与耗电量（以瓦时为单位）的比率。设备的HSPF越高，其能源效率就越高，HSPF ≥ 9BTU/瓦时的系统可以被认为是高效率系统。其中，BTU是英国热量单位，是热量及能量的度量单位之一，1BTU约等于1 055焦耳。

2 年燃料利用率（AFUE）是指空间供暖系统中有用能量输出与能量输入的无量纲比率的年平均值，以百分比表示。例如，某燃气炉的AFUE为90%，意味着它在一年中平均输入100千瓦时的燃气可以输出90千瓦时的有用热量（其余热量可能在废气中被浪费）。

求变化，并将供暖需求与家庭主动采暖或制冷的时间变化做了有效归因。

在夏季，家用及商用的电力需求在午后达到峰值，此时制冷负荷最高；在冬季，家用及商业的供暖需求遵循"鸭子曲线"，在早晨和晚上达到峰值。计算结果表明，用热泵来实现全球家用及商用电器的电气化，全球每年可以减少18拍瓦时的化石燃料使用量，同时每年仅增加6拍瓦时的电力需求。

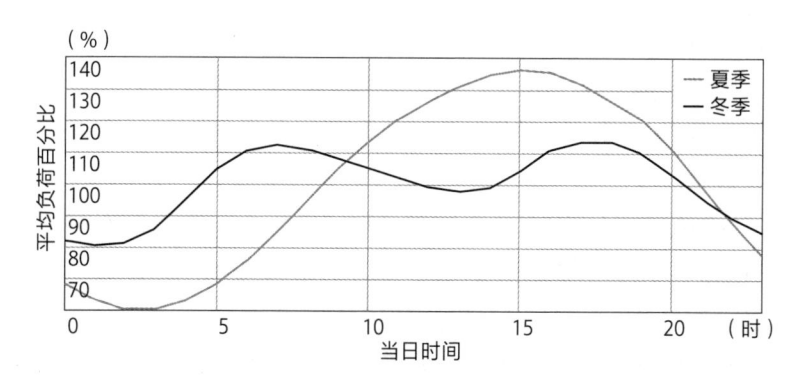

图6 家用及商用的供热及制冷负荷系数与当日时间的关系

资料来源：特斯拉，秘密宏图第三篇章，https://digitalassets.tesla.com/tesla-contents/image/upload/v1686732500/master-plan-prrt-3-zh-cn.pdf，2023年10月11日下载。

对于环境温度在200摄氏度左右的工业生产过程，如食品、造纸、纺织和木材工业，也可以从使用热泵实现的效率增益中受益。这些过程往往会产生废热流体（如废气、废水等），由于温度低，这些废热流体不能再被有效地用于生产过程，并且通常需要通过额外的冷却措施才能释放到环境中。在工业能耗中，余热资源率（即未被直接利用的热量占整体发热量的比例）最高可达24.5%，但余热利用率（指已经回收利用的余热占余热资源的比重）却不足34%。而在热泵的帮助下，这些废热流体可以被提高到一个可用的温度水平，并被重新整合到生产过程中。

目前，大型热泵被广泛用于工业生产的供热过程。在2021年11月举行的德国能源署化学行业数字实践研讨会上，溢出科技公司负责人介绍了使用活塞式压缩机进行蒸汽循环的应用。与传统的蒸汽发生器相比，该工艺可以在实践中节约高达50%甚至更多的成本。另一个应用实例是德国西玛卡公司（Simaka Energie und Umwelttechnik）开发的一套基于热泵的废气净化系统。现在，该公司可以通过冷凝将溶剂从废气中分离出来，并将排出的废气用活性炭过滤器进行净化。这种方式节省了95%的天然气消耗，大幅降低了二氧化碳排放。尽管在工业领域已经有这些使用热泵的试点工程，但迄今为止，热泵在工业领域的应用潜力一直被严重低估。

特斯拉分析了用热泵来实现全球工业用热电气化的影响。根据国际能源署统计的工业用热的温度构成与表4中假设的不同温度的热泵效率可以计算得出，使用热泵来实现全球范围内低于200摄氏度的工业生产的电气化，每年可以减少12拍瓦时的化石燃料使用量，同时每年仅增加5拍瓦时的电力需求。在宏观层面，计算结果能够有效地为工业生产使用热泵提供指导意义。

表4　假设的热泵效率增益（按温度划分）

温　度	能效比
0~60摄氏度	4.0
60~100摄氏度	3.0
100~200摄氏度	1.5

资料来源：特斯拉，秘密宏图第三篇章，https://digitalassets.tesla.com/tesla-contents/image/upload/v1686732500/master-plan-prrt-3-zh-cn.pdf，2023年10月11日下载。

完全取代化石能源的重要一环

热泵是全球完全取代化石能源道路上的重要一环。只要选用适当的制冷剂，热泵技术就可以应用于车辆的供暖与制冷、住宅和商业建筑的空间供暖与制冷，以及工业用途等多种场景。在中国，截至2021年，空气源热泵（含供暖、热水和干燥等）内销约1 500万台，地源热泵应用面积约5.7亿平方米，已安装的热泵系统累计供热量达53亿吉焦，实现近2.73亿吨的碳减排量，其中2021年度热泵碳减排量达0.81亿吨。

尽管热泵有能效高、清洁环保、体验舒适、安全便捷等多方面的优点，但热泵设备的价格相对传统的制热与制冷设备较高，需要一次性支付的金额不容小觑，在许多国家和地区需要政府补贴才具有市场经济性。因此，在未来全球向可持续能源经济转型的过程中，不仅需要传统化石能源的价格上升及可持续电力价格下降，还需要热泵技术的持续进步促使成本降低，这样才能使热泵被更广泛地应用于各种场景。

特斯拉对热泵取代现有制热与制冷设备的计算，不仅在宏观层面表明全球广泛应用热泵的可行性，而且为热泵如何应用于不同环境温度的工艺流程，以及评估热泵在夏季与冬季的不同表现提供了理论依据。

特斯拉在Model Y中使用热泵空调为电动车行业采用热泵技术提供了先驱经验，其对小空间热泵使用的实践将助力全球电动车、家庭及工业部门用热泵取代化石能源的使用，使世界在可持续发展的道路上走得越发稳健。

第 27 章

工业脱碳的新路径

高温工业生产和工业制氢是工业碳排放的两大主要来源。工业生产需要高温环境（>200摄氏度）的行业包括钢铁、化工、化肥和建材等行业，其能耗约占全球化石能源使用量的55%。高温工业生产过程的用能效率较低，并且会排放大量的二氧化碳、二氧化硫、粉尘等空气污染物。

在工业生产中，塑料、合成氨和炼油都需要使用大量的氢气作为原料，但超过95%的工业制氢采用化石能源制氢技术或工业副产氢技术，同样存在能源利用效率不高、污染环境且产生大量碳排放等缺点，因此需要向绿氢技术转型。

特斯拉正在努力探索通过高温工业的电气化、热能存储和全面应用绿氢实现工业脱碳化生产。特斯拉的相关研究表明，热能存储可以有效利用富余的可再生能源，解决传统工业供热能耗较高且产生大量碳排放的问题，而电解水或者甲烷裂解等技术也能使工业制氢具有可持续性，助力工业的脱碳化进程。特斯拉指出，热能存储与绿氢的应用能够帮助完成13%的可持续能源经济转型。

高温工业生产全面电气化

高温工业所需的热量可以直接通过电阻加热[1]、电弧炉[2]提供，也可以通过热能存储系统在可再生能源过剩时，将这种低成本的过剩能量储存起来，在工业生产过程需要时为其供热，有利

1　电阻加热是利用电流通过电阻体的热效应，对物料进行电加热的方法，由焦耳定律决定供热功率。

2　电弧炉内置有两根电极，通电后，它们之间会形成电弧放电并产生高温能量。

于实现高温工业的脱碳。特斯拉认为，全球高温工业生产实现电气化后，每年可以减少9拍瓦时的化石燃料使用量，并增加等量电力需求，结合电力系统的低碳转型实现高温工业生产的去碳化。尽管热能存储系统比直接加热更加环保、更具成本经济性，但如何进行热能存储是一项在业界尚未完全明朗的议题。因此，特斯拉做了一系列探索性分析，意在为热能存储技术用于工业脱碳提供一些可能的方法与路径。

首先是针对储能方式的探索。在所有储能方式中，就地热能存储系统被认为是极具价值的，它能以经济高效的方式加速工业的电气化。当一个地区的可再生能源过剩时，可以就地对热能存储介质（如水、空气、熔盐）进行加热，将能量存储，再在需要时对加热的工业环节进行放热供能。

特斯拉总结了未来可行的储热介质，并为工业生产如何依据工艺和温度选择最佳储热介质提供了计算方式。二者结合可以为热能存储的应用提供实践性指导，例如，高于1 500摄氏度的工业生产存在极大的热量需求，此时可以采用石墨、氧化铝、二氧化硅、莫来石等候选材料进行热能存储，并为生产过程供热。

尽管当前热能存储取代传统供热过程的成本较高，但这些材料在未来是具有成本经济性的，因为它们的使用寿命较长，产生的碳排放和环境污染较小，有利于推动全球的可持续发展。

其次是针对热量输送的探索。要把热能高效地用于工业生产过程，除了储存，还需要考虑能量的输送过程。热传递流体放热和直接辐射放热是两种经常使用的输能手段。二者在原理上属于物体之间热交换的不同方式，在实践中各有利弊，通常需要根据不同的工艺要求进行选择或结合使用。

流体是指水、熔盐、空气等具有流动性的物质，在可再生电力的作用下，它们可以被加热至较高温度，如高温蒸汽、高达550摄氏度的熔盐，以及超过2 000摄氏度的热空气等。之后，这些热流体被运输至需要高温环境的工业生产过程中，借助它们的流动性和高温，可以有效地开展以热传递为主导的放热活动，达到为工业生产供热的目的。

在大多数情况下，热流体加热可以较为均匀地加热物体表面，适配不同形状的工艺模具，并且热传递效率较高，在隔热材料的作用下不会产生较多的热量损失。然而，因为热流体仅能接触待加热物体的表面，无法做到在空间中均匀加热，所以热流体的大空间加热效率通常较低。

相比热流体放热，直接辐射放热是通过电磁辐射能向外散发的传热方式，高温物体将会以更强的能量密度向外发射电磁波。因为高温物体会向四周均匀地进行热辐射，而不直接作用于待加热物体，这种传热方式的热量损失较多。但也正是因为这种特性，辐射供热对于需要对空间均匀加热的工业生产是一种较好的选择。

综合来看，热能存储有助于实现高温工业生产的电气化，大幅降低高温工业活动的化石能源使用量，达到减少碳排放的效果。尽管目前热能存储的成本有待降低，但在可以预见的未来，因为在降低化石能源使用量、减少碳排放、提高能源效率方面具备成本优势，热能存储将成为工业界青睐的选择。

广泛应用可持续制氢

与其他已知燃料相比，同等单位质量的氢含有的能量最多，其消费过程不会产生碳排放、造成环境污染，如果采用电解水制氢，便会形成"水—氢—水"的生产消费物质循环，实现真正意义上的可持续发展。

2021年，全球氢气产量约为9 400万吨，天然气制氢、工业副产氢和煤制氢的占比分别为62%、18%和19%。其中，天然气与石油烃类催化重整工艺制氢的每千克碳排放量约为9.46千克，煤制氢的每千克碳排放量约为29.33千克，而天然气催化重整制氢在2015年产生的碳排放总和约占全球的2%。这些传统制氢技术不仅每年会产生约8.3亿吨的碳排放，还会造成大量的热量浪费与化石燃料浪费，难以支撑未来碳中和背景下快速扩张的低碳氢需求。所以，探索可持续制氢的路径尤为重要。

目前可行的绿氢生产方式包括电解水制氢和甲烷裂解制氢等。电解水制氢不消耗或产生任何含碳产品，并且能较好地匹配可再生能源的时间波动特质，与电力系统的可持续转型形成协同效应。不同于用化学方法从其他物质中提炼氢气，电解水制氢是采用电化学方法，使H_2O分子变为氢离子（H^+）和氢氧根离子（OH^-），再通过向电解液中通直流电，使氢离子得到电子变为氢气，氢氧根离子失去电子变为水和氧气的过程。

甲烷裂解制氢能源强度较低，其产生的固体碳黑副产品[1]可转化为有用的碳基产品。甲烷催化裂解[2]是一种温和的吸热反应，反应方程式为$CH_4 \rightarrow C+2H_2$。该反应通常需要在高温高压的条件下进行，还需要一些催化剂来促进反应的进行。相较传统的制氢方式，甲烷裂解制氢能在近似产物的情况下提高原料、能源和热量的利用效率，为制氢带来一定的可持续性。目前，绿氢约占全球氢产能的4%，有极强的发展潜力和广阔的发展空间。

---

1 碳黑副产品指以碳单质为主要成分的固态产物，能被做成橡胶、油墨、涂料等碳基产品。

2 甲烷催化裂解是采用活性炭、镍等催化剂将甲烷（CH_4）裂解为固态的碳（C）和气态的氢气（H_2）的过程。

除了生产氢，由于可再生电力的间歇性，未来以电解水为主的制氢方式还需要配合储氢来实现稳定供给。

氢气是一种密度极低的气体，在一个大气压（101.325千帕）、温度20摄氏度的情况下，1千克氢气约占11立方米，因此它的储运是一个成本较高、技术实现较为困难的过程。2021年3月，马斯克在推特上发布了一条动态，认为氢燃料电池对汽车而言是一个愚蠢的选择。他在接受采访时表示，除了氢燃料电池汽车的能源利用效率堪忧，另一个重要因素就是氢储存和运输环节的技术实现十分困难。这些也是限制全球大规模用氢的重要原因之一。

目前，氢的储存有压缩液罐储存、吸附材料储存、地下储存等方式。和地上储氢相比，地下储氢是一种成本较低且可实现性较好的技术，但需要储存在特殊地质结构（主要是岩盐矿床、枯竭的油气矿床和含水层）中。地下储氢不仅足够安全，不易受火灾、恐怖袭击和军事行动的影响，而且具有容量较大、建设成本较低等多方面的优势，受到了科学界和工业界的广泛关注。研究指出，一般而言，地下储氢是大规模和长期储氢的最可行方案。相对而言，尽管地上采用物理或材料的储氢方式具有移动性较强、有利于直接消费的优势，但总体上不如地下储氢优势显著。

一些正在运营的地下储氢项目位于阿根廷的迪亚德马油田、奥地利的磨拉石盆地、欧洲的部分含水层、美国克莱门斯盐穴等地区。这些项目的实践经验表明，地下储氢的关键问题包括但不限于微生物、水文地质、流体动力学、地质力学和注氢带来的地球化学变化，这些因素对项目的成功和运营效率有重大影响。

在氢的消费侧，特斯拉假设未来化石燃料的精炼不再需要氢，钢铁生产则转变为用氢气直接还原铁的工艺。还原铁矿石（假设为Fe_3O_4）所需的氢按照如下还原反应来计算：

$Fe_3O_4 + H_2 \rightarrow 3FeO + H_2O$

$$FeO+H_2 \rightarrow Fe+H_2O$$

相比用焦炭作还原剂，采用这种方式炼铁，可以大幅减少钢铁部门的化石能源使用量，减少碳排放与环境污染。经建模计算可以得出，钢铁生产部门的氢需求量为每年1.5亿吨，如果用电解满足这一需求，每年需要约7.2拍瓦时的可再生电力。因此，除了在生产部门中推广氢相关工艺，在全球范围内提高绿氢产能也至关重要。

除了助力工业生产的脱碳化，电解水制氢还能有效匹配风电、光伏发电等可再生电力的波峰和波谷，利用无法上网的弃电制氢，有利于能源经济系统的可持续转型。特斯拉指出，全球可持续制氢每年可以减少6拍瓦时的化石燃料使用量和2拍瓦时的非能源用量，具有可观的减排收益和能效提高潜力。

目前，世界主要经济体大多发布了氢能发展战略，并高度重视可持续制氢的发展。氢能基于低排放无污染、与能源经济系统高度耦合、消费场景多元化等优点，将在未来全球低碳发展的道路上发挥重要作用。

第28章

除了火箭，都可以电气化

空前发达的长途航运和空运实现了国家间贸易和经济的飞速发展，但同时也造成了对化石燃料的依赖和对环境的污染。航运业每年消耗350万桶燃料油，产生占全球12%的二氧化硫排放、13%的氮氧化物排放和2.9%的碳排放量；航空业则带来了全球能源相关二氧化碳排放量的2%以上，并且尾迹云也会加剧全球气候变暖。

目前，由于船舶和飞机发动机的能源利用效率较低，航运业和航空业的主流脱碳路径往往是通过发动机技术的进步提高能源利用效率。然而这种方式不能使其完全摆脱化石能源，无法实现零碳化发展。

特斯拉研究发现，在飞机和船舶上应用可持续能源是完全取代化石燃料、打造可持续能源经济的重要环节，能够贡献约6%的世界可持续能源转型。特斯拉认为，推动航运与短途空运的电气化，在长途空运中使用合成燃料替代传统燃料，是技术和经济上均具有可行性的现实路径。

航运电气化完全可行

航运业承载着全球至少90%的商业运输，对贸易和经济至关重要。根据国际海事组织2020年发布的《第四次温室气体研究报告》，2012—2018年，全球航运温室气体排放量从9.77亿吨增长到10.76亿吨，航运排放占全球人为排放的份额从2.76%上升到2.89%，如果不采取有效措施，到2050年，预计全球二氧化碳排放量最高将达到2008年的130%。航运业大量使用化石能源，会造成严重的空气及海洋污染和温室气体排放。因此，全球航运造成的碳排放问题亟待解决。

2018年，在国际海事组织海洋环境保护委员会第72届会议上，各国决议通过了《船舶温室气体减排初步战略》，提出了国际航运减排的具体目标：到2050年，温室气体年度总排放量较2008年至少减少50%。该战略为国际海事组织海洋环境保护委员会的173个成员国制定了一个框架，这很可能成为减排目标的起点和航运业向低碳过渡的一部分指导原则。时任联合国秘书长古特雷斯呼吁各国"在国际海事组织上采取雄心勃勃的初步战略，以符合《巴黎协定》气候雄心峰会的方式支持航运业的现代化"。

近年来，许多船舶已实现部分电气化。例如，在德国和丹麦之间开行的四艘渡轮已经采用混合动力技术航行，根据航运公司的说法，这可以减少15%的碳排放量；挪威纳柔依峡湾的"峡湾愿景号"也是一艘混合动力船，驱动的电力来自柴油发电机和电池，并且船只停靠时用清洁的水力发电。此外，一家名为雅苒的挪威公司开发了世界上第一艘全电动、技术完全自主的货船"雅苒伯克兰号"。该船只已完成试航，预计每年可减少1 000吨二氧化碳排放量，并取代40 000次柴油卡车运输，尽管这艘船的建造成本约为2 500万美元，是传统船舶的3倍，但该公司相信它会减少90%的运营开支，具备一定的成本经济性。

这也为特斯拉选择的航运脱碳技术路径提供了有力的实践依据。时任特斯拉动力总成和能源工程高级副总裁的德鲁·巴格里诺相信，长途运输的船舶可以完全由电池驱动。届时，全球的长途航运将完全依靠电力提供动力，辅之以全球可持续的电力系统，可以实现长途航运的零排放。因此，航运业的电气化是富有前景的脱碳路径，这一观点也会随着电动船舶的大面积应用受到公众的认可。

如果航运业能够按照特斯拉构想的路径采用电力作为驱动能源，其能源利用效率会大幅提高，氮氧化物和二氧化硫的排放量将大幅减少。此外，如果配合使用清洁、可持续的发电方式，航运业的二氧化碳排放也可以几乎完全消除。

在经济和技术层面，船舶使用电池供能也具备许多优点。最重要的是，电力比石油，尤其是船用柴油，便宜得多。国际能源署的数据显示，全球航运每年消耗的能源达3.2拍瓦时，而按预估的1.5倍电气化效率优势，全面电气化后，每年全球航运只会消耗2.1拍瓦时的电力，进而大量节省能源成本。这种成本经济性能够为全球航运提供更多的利润空间，有利于电气化船舶的商业推广。

尽管已有全电动的船舶投入运营，但目前航运电气化仍存在许多难点。在当前技术水平下，船舶电池的能量密度仍然太低，也就是说，在确保能够实现长距离运输的情况下，选用电池的船舶重量会更大，进而需要更强劲的动力，技术实现的难度就更大。因此，目前的电气化航运实践多出现在航行距离较短的内海运输。对远洋航行的大型货船来说，电池的供能效率仍然不够，存在重量较大的问题，全球航运实现完全依靠电力驱动仍然有很长的路要走。

特斯拉认为，要解决长途航运的电气化问题，除了研制能量密度更高的电池，还可以通过优化航速和航线，以及在长途航线上使用体积更小的电池、更频繁地停靠充电来实现。但是，这意味着港口要有合适的充电基础设施，所以仍然需要大量的资金投入建设。此外，在海上长途货运中频繁充电，可能会造成全球货运时间效率的损失，进而给世界贸易与进出口经济造成不利影响。

值得注意的是，特斯拉在电动车电池、充电基础设施及快速充电技术等方面的成功经验，以及在储能和可持续制氢等方面的前瞻视角，很有可能为航运电气化带来革新性的发展机会。

未来，特斯拉储能业务的发展很有可能提升现有交通工具中广泛应用的电池的能量密度，进而降低长途航运所需的电池重量。

空运脱碳：合成燃料＋电气化

除了航运，航空部门也是全球货运和交通运输的重要部门，它对全球气候变暖问题的影响受到广泛关注。

国际能源署的报告显示，2021年，航空业占全球能源相关二氧化碳排放量的2%以上，近几十年来其增长速度快于公路、铁路和航运，如果不加以控制，会给交通运输带来很大的减排负担。飞机需要强劲的动力维持速度与升力，大量燃烧化石燃料不仅会释放大量的二氧化碳，还会排放氮氧化物，并形成水蒸气尾迹和云层，这些非二氧化碳气体的排放也会加剧温室效应。飞机的氮氧化物排放量是其直接碳排放量的两倍，后果不容小觑。

传统空运电气化过程的难点与航运类似，需要大幅提高电池的能量密度，打造更轻的电池，克服电力驱动飞机航程较短的问题。

马斯克在一次采访中表示，他并不看好飞行汽车，因为它们会在城市中发出很大的噪声、具有极强的天气依赖性。尽管飞行汽车这一交通工具存在争议，但短途电动飞机潜力极大。特斯拉相信，在现阶段即使保持电池能量密度不变，短途航班也可以通过优化飞机设计和飞行轨迹实现电气化。

目前，业界已经完成电气化飞机的初步研发与制造，有望将其投入实践运行。以色列Eviation电动飞机公司开发了一架名为"爱丽丝"的电动飞机，采用了95%的复合材料，于2022年9月27日完成了试飞。这款飞机的机身形状可让飞机产生额外的升力，有助于将电池重量巨大的飞机带离地面，其T形尾部有两台电动机，每台的输出功率为664千瓦，据称可以实现每小时407千米的巡航速度。

此外，加拿大港湾航空公司、澳大利亚MagniX公司与瑞士H55公司合作开发了世界上第一架经过认证的全电动商用飞机e-Beaver。自2019年首次飞行以来，e-Beaver进行了另外的飞行测试，以测量和收集巡航性能和起飞推力效率、电磁干扰、电池管理软件逻辑、噪声水平等方面的数据，用于改进其飞行性能。

短途空运电气化还有很长的路要走，包括设计符合认证标准的飞机，重新设计机场以布置飞机充电设施，重新培训飞行员，以及匹配相关的制度。特斯拉相信，电池动力的短途飞行是可行的，并且随着电池能量密度的提高，飞机可以实现完全电气化。

然而，在长途航班中采用电池驱动的可行性较低，并且现阶段让全部航班实现电气化较为困难。特斯拉提出，可以在长途航班中使用清洁的合成燃料以实现脱碳。

长途航班预估占航空出行能源消耗的80%（全球每年消耗的航空燃料为850亿加仑[1]），因此在长途航班中进行碳减排至关重要。由于存在航程有限、电池过重和充电设施不足等问题，特斯拉认为，长途航班可以使用过剩的可再生电力产生的可持续航空燃料来供能，促进航空业脱碳，而使用可持续航空燃料可以使航空业减排高达65%。现有机型的发动机可以很好地兼容合成燃料，在飞机的改造、开发与设计方面成本较低，现阶段也能支持比电气化更远的飞行距离。

有专家认为，在长途航班上，短期内可以先使用可持续航空燃料来替代传统燃料，当电池的能量密度提高到一定水平之后，再考虑飞机的电气化。

1　1加仑约等于3.785升。——编者注

合成燃料的生产有脂类和脂肪酸类加氢处理、费托合成、醇喷合成等多种技术工艺，其中费托合成工艺是利用一氧化碳和氢气的混合气体来合成液态碳氢化合物，这已被证明是合成航空燃料的可行途径。特斯拉指出，使用该工艺生产出供全球航空部门使用的合成燃料，除了每年需要5拍瓦时的额外电力，还需要大量电解生成的氢气、直接从空气中捕获的二氧化碳，以及通过电解二氧化碳产生的一氧化碳等物质。

特斯拉相信，未来不仅可能出现更高效、更具成本效益的合成燃料生产方法（如从生物质中获取），而且会开发出能量密度更高的电池，进而实现长途飞机的电气化，最终推动空运业完全取代化石能源，实现脱碳与可持续发展。

通向可持续发展的重要一环

全球航运和空运的碳减排已成为社会各界关注的重要问题，但目前业界主要采用优化系统结构、改良发动机等技术提高能源使用效率，以此减少船舶和飞机的碳排放。

特斯拉提出了在船舶和飞机中应用电气化技术，通过优化航速和航线，在长途航线上使用体积更小的电池、更频繁地停靠充电来实现航运和空运的碳减排，这是一种极具革新性的技术路径。特斯拉通过建模计算发现，通过让全球船舶和飞机使用可持续合成燃料或采用电力作为驱动能源，每年可将7拍瓦时的化石燃料使用量转化为每年7拍瓦时的全球电力需求，对于特斯拉提出的完全取代化石燃料的计划和打造电气化经济具有重要意义。

总之，在飞机和船舶上运用可持续能源，是通向可持续发展的明确路径上的重要一环。马斯克在2023年投资者日总结道：随着电池能量密度的提高，除火箭外，所有交通工具都将完全实现电气化。特斯拉在电动车领域的实践，以及在储能和快充领域进行的前瞻性规划，将有助于航运业和空运业的脱碳与可持续发展。

第29章

可持续能源驱动经济

240 太瓦时 能源储存	**30** 太瓦 可再生电力	**10** 万亿美元 制造投资	**1/2** 能源所需
0.21% 占地面积需求	**10%** 2022 年全球 GDP	**0** 无法克服的资源挑战	

"秘密宏图第三篇章"的资源和投资需求预估

完全实现可持续能源驱动经济有如下几个关键领域：(1) 用清洁电力代替化石能源发电；(2) 用交通电气化取代化石能源驱动；(3) 在家用、商用和工业领域使用热泵，取代化石能源燃烧取暖；(4) 使用高温储能和可持续制氢技术实现电力和清洁燃料（氢）的稳定供给；(5) 在飞机和船舶上使用可持续能源。

实现这些只需要将2022年全球GDP总量（100万亿美元左右）的10%投资用于发展可持续能源技术，以及将全球陆地面积的0.21%用于建设可再生能源发电设备即可。

通过对上述领域的调整，将不只实现一次能源总需求量降低50%、采矿冶炼总量减少108亿吨，还可以实现全球能源经济完全由可持续能源驱动的美好图景。

电气化

特斯拉认为，在诸多领域都可以通过电气化实现可持续的能源经济。

交通领域新增电动乘用车和电动卡车，将可以实现电力驱动的交通系统。通过交通领域的电气化，不仅可以降低对低效化石能源的依赖，还可以通过错峰充放电参与调节电力供求的时间错配问题，方便电力系统更加稳定地提供可再生能源电力。全球交通运输领域的电气化可减少每年28拍瓦时的化石燃料使用量，每年增加的电力需求仅约为7拍瓦时，是化石燃料经济下交通领域能源需求量的25%。

建筑领域用热泵可以实现全球家用和商用电器的电气化，每年可以减少18拍瓦时的化石燃料使用量，同时增加的电力需求仅为每年6拍瓦时。

工业领域使用热泵替代200摄氏度以下的工业生产，每年可以减少12拍瓦时的化石燃料使用量，同时增加的电力需求仅为5拍瓦时；使用电力替代200摄氏度以上的工业生产，每年可以减少9拍瓦时的化石燃料使用量，同时增加9拍瓦时的电力需求。

使用可持续制氢技术制备氢能替代化石能源的燃烧，全球每年可以减少6拍瓦时的化石燃料使用量，以及2拍瓦时的非化石燃料使用量，这个过程需要的化石燃料可以被每年7拍瓦时的额外电力需求取代。

全球船舶和飞机使用可持续合成燃料和电力驱动，每年可以减少7拍瓦时的化石燃料使用量，同时增加7拍瓦时的电力需求。

综合来看，通过现行技术替代化石燃料，最终将摆脱在能源系统中对化石能源的需求，这将一共减少91%的化石燃料使用量，进而令一次能源总需求量减少50%。

表5 转为可持续能源经济会带来的能源使用改变

（单位：拍瓦时）

领　　域	可减少的化石燃料及其他能源需求用量	新增的电力需求
交通	28	7
建筑	18	6
工业	21	14
制氢	8	7
船舶和飞机	7	7
总计	82	41

资料来源：特斯拉，秘密宏图第三篇章，https://digitalassets.tesla.com/tesla-contents/image/upload/v1686732500/master-plan-prrt-3-zh-cn.pdf，2023年10月11日下载。

在能源生产可持续的电气化经济中，与采矿、精炼和燃烧燃料发电相关的大多数上游生产过程损耗都可避免，与非电力终端相关的下游损耗同样可以避免。虽然一些工业过程需要更多的能源投入（如可持续制氢），一些采矿和精炼活动也需要增加（例如与制造电池、太阳能光伏板和风力发电机等所需的金属有关的活动），但总体而言，对能源和采矿的需求总量会大幅减少，从而实现高效率、低浪费、可持续的能源经济未来。

据特斯拉研究估算，如果到2050年实现全球可持续能源系统，需要30太瓦的装机容量和240太瓦时的能源储存量。这一共需要128.15亿吨（每年4.44亿吨）的矿物开采，对于每种矿物，其需求都没有超过探明的总储量，同时减少了108亿吨的化石能源和相关材料的开采。这意味着在原材料层面，实现"秘密宏图第三篇章"规划的100%使用可持续能源的未来也不存在挑战。

可持续能源经济模型

为了对可再生能源替代的路径进行研究，特斯拉建立了一个将容量扩张模型和电力需求曲线匹配的能源系统模型。该模型将美国分为几个区域，进行区域内的电力供求建模和区域间的调度建模。容量扩张模型是一类电力系统优化模型，可以通过给定电力系统的约束条件、给定模型目标（在本模型中是最小化系统成本），计算电力系统需要新建、改造和淘汰哪些发电设施。

通过容量扩张模型，特斯拉计算出了实现可持续能源系统所需的各种发电技术的装机容量增加总量。基于各种终端用途每小时的需求曲线，以及去除弃电后太阳能和风能的发电量，模型计算出了二者之间的重合量，再根据风能和太阳能装机容量的年度加权平均重合系数，将这些容量分配给各终端用途。

通过将储能放电与终端的需求相匹配，特斯拉采用相同的方法将电池储能容量分配给每种终端。一般来说，需求变动弹性最低的终端，如住宅供暖，比工业高级供热（假定有可用的储热）等终端分配到的储能要多。

通过使用"可再生能源发电+大规模储能+电气化"的技术组合，美国将通过风电、光伏发电，结合大规模输电和储能设施，实现全美能源需求的清洁能源图景。

为此，美国将需要2 035吉瓦的风力发电装机容量和3 052吉瓦的光伏电力装机容量。这在技术上是否可行呢？特斯拉计算了美国的风能和光伏资源总量。如果搭配合适的储能设备和大规模输电能力，美国目前的风能和光伏资源可用量可以实现大规模可再生能源发电。为了保证电网的稳定性，需要部署额外的风力发电和光伏发电装机容量，大概会导致32%的弃电，不过风能和太阳能是可再生的，这并不会造成明显的资源浪费。

在储能方面，建模表明，现有的技术足够支持通过机械储能、电化学储能和氢储能对电力供需进行调节。美国需增加的锂离子储能、工业储热、电解槽装机容量分别为815吉瓦、453吉瓦、418吉瓦，同时需要107太瓦时的储氢能力。

建设储能设施虽然需要增加基础设施投资，但在化石能源方面的投资可以被节省下来。

如果使用目前已有的储能技术，并对其进行较为保守的成本估算，依然可以满足美国的可再生能源供电需求。在此基础上，如果增加1.2太瓦时的分布式电池，例如居民侧的屋顶光伏结合家用储电设施，将可以保障家庭在电力需求高峰时使用自家存储的电力，从而减轻电力系统的压力，实现电力供需关系的削峰填谷。

技术、投资、土地和矿石开采

在全球可持续能源经济的未来图景中，将用每年66拍瓦时的可持续发电取代每年应用于能源领域的125拍瓦时的化石燃料，还需要新型工业每年额外提供4拍瓦时，用于制造所需的电池、太阳能光伏板和风力发电机。这便是特斯拉在完全可持续能源经济中所预期的高效能源系统的主要构成。

为了满足全球电力需求，发电和储能的终端分配共需增加30.3太瓦的风电和光伏发电装机容量，以及240太瓦时的储能能力。其中，电网的化石能源需求被10.6太瓦的可再生能源取代；电动车和热泵各自需要4.8太瓦的可再生能源装机容量，高温供热需6.5太瓦，飞机和轮船需要3.7太瓦。

全球将需要新增22.9太瓦时的化学储能，用于电力供需关系的调节，从而减少电价波动，保证可再生能源产生的电力可以保障用电高峰和低谷时的需求。交通领域的电气化将需要115.7太瓦时的电池储量，占总储能需求的近一半。热泵、高温热能、飞机和轮船等的储能需求各占6.7太瓦时、49.9太瓦时和44.4太瓦时。

全球交通行业的电气化将带来电动车数量的迅猛增长，如今的14亿辆车将全部被替换为电动车。船舶和航运业需要不同类型的电池，未来将共需要40太瓦时容量的电池。电池生产需要的材料将增加30亿吨金属材料（钴、锂、镍）的开采。

这些数值都是在对技术发展进程持较为保守态度下的估计值。预计未来自动驾驶技术的进步可以提升电动车利用率，降低材料需求；电池制造技术的进步可以提升材料利用效率；考虑到可开采自然资源的储量将随着勘探技术的增长而增加，材料需求将不会成为实现可持续能源系统的限制因素。此外，特斯拉指出，还可以通过回收电池来节约金属材料，减少环境污染。

这个图景不仅在技术上可行，在投资上也一样可行。根据模型的假设，特斯拉的低碳未来图景只需要增加投资需求，用于制造设施、需求显著增长的原材料采矿和精炼业务，以及储氢盐穴的安装设施。

除了一开始的资本支出，投资估算中还包括20年间（特斯拉建模估算的时间单位）每年5%的维护性资本支出。这都是基于当前技术的成本进行的估计，未来如果这些关键技术实现突破，还将进一步降低投资需求。相比而言，如果完全使用化石能源满足能源系统的需求，那么也将需要14万亿美元的投资，因此转向

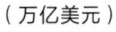

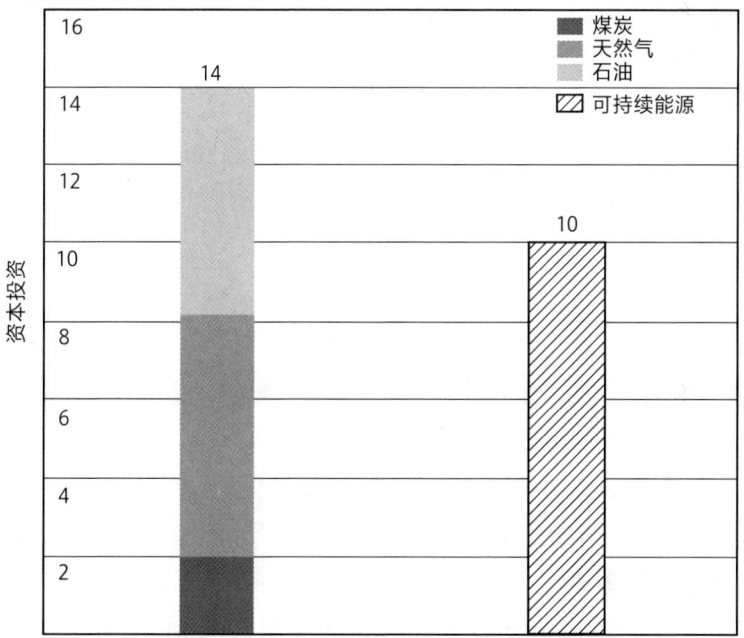

图 7　两种能源经济未来的投资需求比较（按照 2022 年的投资率）
资料来源：特斯拉，秘密宏图第三篇章，https://digitalassets.tesla.com/tesla-contents/image/upload/v1686732500/master-plan-prrt-3-zh-cn.pdf，2023年10月11日下载。

可持续的能源系统还将节省40%的投资成本。

特斯拉的图景也并不会给土地利用增添负担。未来的能源系统主要通过大规模安装太阳能光伏板和风力发电机来改变土地利用类型。在特斯拉的可再生能源与电气化图景中，共需要全球土地总面积0.19%的土地用于太阳能板铺设，0.02%的土地用于建立风力发电场。

考虑到建设新的基础设施需要新型材料与矿石，特斯拉认为必须将未来的原材料需求，即矿石开采总量纳入考虑范围。特斯拉的模型考虑了对于风力发电机、太阳能板和输电线路的需求，满足可持续能源未来的蓝图将在全球范围内每年消耗4.44亿吨矿石来实现全球总装机容量30太瓦、储能能力240太瓦时和6 000万英里输电距离的前景。

由此，材料开采总量会减少10.8吉吨，这是由于新增了3.3吉吨的可再生材料开采，同时减少了14.1吉吨的化石燃料开采。即使继续开采作为原料的化石能源，化石能源的总需求量也将减少91%。

考虑到材料的回收，未来开矿总量将大幅下降，精炼行业的活动水平将继续上升，实现可持续的循环经济。此外，由于关键矿石需求的改变，全球将减轻对化石能源的依赖，进而可以缓解全球对化石燃料出口国的依赖。

长期来看，可持续的能源经济比现有经济更高效、环保，性价比也更高。相比目前以化石能源为主导的能源系统，特斯拉的可再生能源图景将节省50%以上的一次能源使用量。这个新的能源系统也能将化石能源的使用量和开采量降低90%，从而大大降低化石能源系统引发的环境污染和健康问题。

在这样的可再生能源图景下，我们将步入一个高效、清洁和使用可持续能源的未来。通过研发可再生能源发电和储能技术、大力发展产业电气化、致力于材料的回收利用，我们将能够降低对自然资源的依赖，降低人类的环境足迹，实现高效永续发展。

正如马斯克在社交媒体上所说："这里有一条清晰可见、通往可持续能源地球的路径。"

附录 1
特斯拉里程碑事件一览[1]

● 中国市场

2003—2008
2003年7月	特斯拉创立
2006年8月	"秘密宏图第一篇章"发布
2008年2月	Roadster正式量产

2012
6月	Model S开启交付
9月	超级充电桩正式在美国启用

2014
●4月	中国首个超级充电桩落地上海 马斯克向中国首批车主交付Model S
6月	宣布将开放所有专利技术
9月	Autopilot自动辅助驾驶功能 首次搭载在Model S上

2017
2月	"Tesla Motors"正式更名为"Tesla Inc."
7月	Model 3开启交付

2010
5月	收购新联合汽车制造工厂 改名为特斯拉弗里蒙特工厂

2013
●12月	中国首家特斯拉体验店揭幕 Model S亮相中国市场

2015
9月	Powerwall和Megapack发布 Model X开启交付

2016
4月	Model 3正式发布
●4月	Model X首次亮相中国
7月	"秘密宏图第二篇章"发布 特斯拉首个超级工厂 内华达超级工厂正式投产
11月	收购SolarCity

---

1 相关统计数据不包含港澳台地区。

8月	纽约超级工厂正式投产
9月	电动半挂卡车Semi和赛博越野旅行车发布
11月	车辆接入中国充电标准，全面适配新国标

2019

1月	上海超级工厂破土动工
3月	Model Y正式发布
4月	特斯拉自动驾驶日
	自动驾驶日发布FSD完全自动驾驶芯片
12月	首批中国制造Model 3交付
	亚洲首个V3超级充电桩落地上海

2020

9月	特斯拉"电池日"
10月	首次向少部分北美用户推送FSD完全自动驾驶测试版
10月	中国制造Model 3出口欧洲

2021

1月	中国制造Model Y上市
2月	上海超级充电桩工厂建成投产
6月	中国首座特斯拉光储充一体化充电站于拉萨落成
7月	得克萨斯州超级工厂正式投产
8月	特斯拉人工智能日2021
11月	在全球范围内启动"充电网络试点开放计划"
11月	上海研发创新中心和上海超级工厂数据中心落成
12月	超级充电网络全面覆盖中国省会城市及直辖市

2022

3月	柏林超级工厂正式投产
8月	上海超级工厂第100万辆整车下线
9月	人形机器人Optimus正式发布
10月	首个储能超级工厂拉斯罗普储能超级工厂投产
	特斯拉人工智能日2022
11月	宣布开放充电连接器设计，并命名为NACS
12月	Semi开启交付
12月	中国超级充电桩第10 000个落成

2023

2月	全球工程总部于加州正式揭幕
3月	2023年投资者日
	"秘密宏图第三篇章"发布
	墨西哥超级工厂官宣
4月	上海储能超级工厂宣布落户上海临港
	在中国对其他电动车品牌试点开放充电服务
5月	锂精炼厂动工
6月	Powerwall全球装机量超过50万台
9月	上海超级工厂第200万辆整车下线
	第500万辆整车在上海超级工厂下线
9月	全球超级充电桩超50 000个
	Model 3焕新版正式发布
10月	FSD完全自动驾驶测试版的总行驶里程达到5亿英里（约8亿千米）
11月	赛博越野旅行车开启北美市场交付
12月	第二代人形机器人Optimus亮相

2024

1月	Model Y以120万辆的交付量成为全球所有品类车辆中最畅销的车型

附录 2
特斯拉业务生态布局

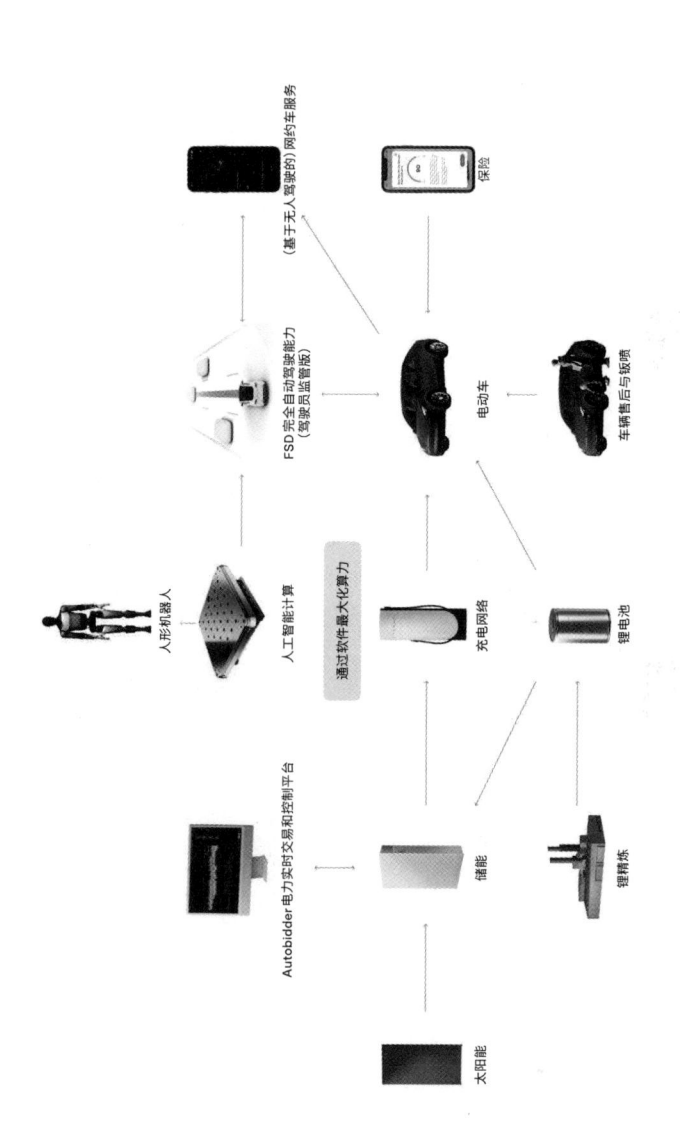